FOM-Edition

Kompakt

Reihe herausgegeben von

FOM Hochschule für Oekonomie & Management, Essen, Deutschland

Bücher, die relevante Themen aus wissenschaftlicher Perspektive beleuchten, sowie Lehrbücher schärfen das Profil einer Hochschule. Im Zuge des Aufbaus der FOM gründete die Hochschule mit der FOM-Edition eine wissenschaftliche Schriftenreihe, die allen Hochschullehrenden der FOM offensteht. Sie gliedert sich in die Bereiche Lehrbuch, Fachbuch, Sachbuch, International Series sowie Dissertationen. Seit 2023 ergänzen zudem die Reihen FOM-Edition Kompakt und FOM-Edition Studium kompakt, mit denen komprimierte Inhalte kurzfristig herausgegeben werden können, das Portfolio.

Die Reihe FOM-Edition Kompakt ist thematisch breit gefächert. Die Bände der Reihe behandeln in knappem, schnell rezipierbarem Umfang hochaktuelle Themen und gegenwärtige Fragestellungen, die es Leserinnen und Lesern aus Wissenschaft und Praxis ermöglichen, sich schnell auf den neuesten Stand zu bringen.

Markus H. Dahm · Kevin Hermeneit

Künstliche Intelligenz im Journalismus

Zwischen redaktioneller Praxis und gesellschaftlicher Akzeptanz

Markus H. Dahm (iD)
FOM Hochschule
Hamburg, Deutschland

Kevin Hermeneit
NOZ/mh:n MEDIEN
Flensburg, Deutschland

ISSN 2625-7114   ISSN 2625-7122 (electronic)
FOM-Edition
ISSN 2947-2032   ISSN 2947-6232 (electronic)
Kompakt
ISBN 978-3-658-50089-4   ISBN 978-3-658-50090-0 (eBook)
https://doi.org/10.1007/978-3-658-50090-0

Die Deutsche Nationalbibliothek verzeichnet diese Publikation in der Deutschen Nationalbibliografie; detaillierte bibliografische Daten sind im Internet über https://portal.dnb.de abrufbar.

Planung/Lektorat: Angela Meffert
Springer Gabler ist ein Imprint der eingetragenen Gesellschaft Springer Fachmedien Wiesbaden GmbH und ist ein Teil von Springer Nature.
Die Anschrift der Gesellschaft ist: Abraham-Lincoln-Str. 46, 65189 Wiesbaden, Germany

Was Sie in diesem Band der FOM-Edition Kompakt finden können

- Aktuelles Thema auf den Punkt gebracht: Künstliche Intelligenz (KI) im Journalismus – verständlich, praxisnah und gesellschaftlich relevant
- Klarer Überblick über Chancen, Risiken und zentrale Fragestellungen rund um KI-generierte Inhalte im journalistischen Umfeld
- Inspiration für Entscheider: Ein Leitfaden für Medienprofis, Kommunikationsverantwortliche und Digitalstrategen
- Impulse für die Praxis: Ideal für Redaktionen, Verlage, Kommunikationsabteilungen und Journalismus-Ausbildung
- Wie denkt die Gesellschaft über KI-Artikel? Welche Erwartungen gibt es an Transparenz und Verantwortung? Welche ethischen Fragen gehen damit einher?
- Journalismus im Umbruch: Ein Plädoyer für Qualität, Glaubwürdigkeit und Weiterentwicklung im Zeitalter der KI

Vorwort

Die digitale Transformation hat in den vergangenen Jahren nahezu alle gesellschaftlichen Bereiche durchdrungen – auch und insbesondere den Journalismus. Mit dem Einzug Künstlicher Intelligenz (KI) steht der Journalismus vor einer der weitreichendsten Umwälzungen seiner jüngeren Geschichte. Automatisierungspotenziale, algorithmisch gesteuerte Inhalte und datenbasierte Produktionsprozesse verändern nicht nur die redaktionelle Arbeit, sondern auch die Beziehung zwischen Medium und Publikum.

Diese Entwicklung wirft grundlegende Fragen auf: Welche Rolle kann und soll KI im journalistischen Prozess übernehmen? Inwiefern verändert sich die Verantwortung redaktioneller Akteure, wenn Inhalte mithilfe automatisierter Systeme entstehen? Und wie reagieren Leserinnen und Leser auf KI-generierte Beiträge – insbesondere in Bezug auf Vertrauen, Transparenz und Authentizität?

Vor dem Hintergrund dieser Fragestellungen möchten wir mit dem vorliegenden Buch einen kompakten Beitrag zur differenzierten Auseinandersetzung mit dem Thema „KI im Journalismus" leisten. Ziel ist es, Orientierungswissen bereitzustellen, Handlungsoptionen aufzuzeigen und zentrale ethische sowie gesellschaftliche Implikationen zu reflektieren. Dabei steht nicht die Technologie selbst im Vordergrund, sondern ihre Wirkung auf journalistische Praxis, Qualität und Rezeption.

Das Buch richtet sich an Fach- und Führungskräfte in Medienunternehmen, an Kommunikationsverantwortliche sowie an alle, die sich mit Fragen der digitalen Medienentwicklung befassen. Wir verstehen diese Publikation als Impulsgeber, nicht als abschließende Bewertung. Denn die Entwicklung ist dynamisch – und sie erfordert ein gemeinsames Nachdenken über die Zukunft eines Berufsstandes, der in besonderer Weise zur demokratischen Öffentlichkeit beiträgt.

Herbst 2025   Markus H. Dahm
                                                               Kevin Hermeneit

Inhaltsverzeichnis

Über die Autoren

Prof. Dr. Markus H. Dahm ist Organisationsentwicklungsexperte und Berater für Strategiefragen, Digital Change & Transformation. Ferner lehrt und forscht er an der FOM Hochschule in den Themenfeldern Strategisches Management, Künstliche Intelligenz und Digital Management. Er publiziert regelmäßig zu Management- und Leadership-Fragestellungen in wissenschaftlichen Fachmagazinen, Blogs, Online-Magazinen und der Wirtschaftspresse. Er ist Autor und Herausgeber zahlreicher Bücher.

Kevin Hermeneit schloss 2024 seinen Master in Business Consulting & Digital Management ab. Seine Arbeitsschwerpunkte liegen in der Medienstrategie, Digitalisierung und Vermarktungsstrategie. Seit 2023 unterstützt er als Referent der Geschäftsführung die NOZ/mh:n MEDIEN in strategischen Projekten der Unternehmensgruppe. Zuvor war er als Key-Account-Manager für die Konzeptberatung des sh:z tätig. Der ausgebildete Medienkaufmann arbeitete als Sales Consultant in der Konzeptberatung für Werbekunden des Verlagsgeschäfts. Parallel dazu studierte er im Bachelorstudiengang Digitale Medien & Marketing an der FOM Hochschule in Hamburg.

Warum wir über KI im Journalismus sprechen müssen

1

Die Verwendung von Künstlicher Intelligenz spielt bereits seit längerer Zeit eine Rolle im Journalismus und wird diesen in Zukunft zu Teilen grundlegend verändern. Die Einsatzgebiete von KI in Redaktionen sind dabei vielfältig und können sowohl bei der Recherche als auch bei der Erstellung und Verbreitung von Inhalten eingesetzt werden. In den einzelnen Verlagen und Institutionen des Journalismus herrschen unterschiedliche Wahrnehmungen zu der Verwendung von KI. Der Deutsche Journalisten Verband (DJV) nimmt in Form eines Positionspapiers zu dieser Thematik Stellung und bezieht sich dabei beispielsweise auf den potenziellen Ersatz menschlicher Leistung, Verantwortlichkeit für Inhalte sowie Daten, Transparenz und die Wahl KI-basierter Technologien (vgl. DJV, 2023). Der Presserat, der als Kontrollorgan der deutschen Presselandschaft fungiert, legt fest, dass Redaktionen, die sich dem Pressekodex verpflichten, die Verantwortung für alle redaktionellen Beiträge, unabhängig von der Art und Weise der Erstellung, haben. Das umfasst ebenfalls die Erstellung von Inhalten mithilfe von KI (vgl. Deutscher Presserat, 2024). Es wird derzeit diskutiert, ob eine Transparenz zu KI-generierten Texten erforderlich ist oder ob eine im Pressekodex verankerte Verantwortung zur Einhaltung der journalistischen Sorgfaltspflicht ausreichend ist. Während auf institutioneller Ebene Unklarheit in der Verwendung und zu Richtlinien von KI in Redaktionen herrscht, haben Verlage und Medienhäuser bereits unterschiedliche Anwendungstiefen in den Redaktionen integriert. Die *Süddeutsche Zeitung* verwendet bereits seit Jahren KI-Tools, kann allerdings nicht absehen, ob und wann KI-Technologien generative, journalistische Aufgaben bewerkstelligen können (vgl. Kreye, 2023). Die Redaktion der *Augsburger Allgemeinen* kommuniziert demgegenüber transparent, dass bereits Artikel und veröffentlichte Textbausteine mit KI generiert werden (vgl. Geisenhanslüke, 2023).

© Der/die Autor(en), exklusiv lizenziert an Springer Fachmedien Wiesbaden GmbH, ein Teil von Springer Nature 2025
M. H. Dahm und K. Hermeneit, *Künstliche Intelligenz im Journalismus*, FOM-Edition, https://doi.org/10.1007/978-3-658-50090-0_1

1

Derzeit wird noch diskutiert, wie tief KI in den Journalismus eingreifen darf und es gibt noch keine klaren Richtlinien, an die sich Redaktionen halten müssen. Innerhalb der Gesellschaft und dementsprechend auch der Leserschaft bestehen allerdings Ängste bezogen auf die Verwendung von KI. Nach einer repräsentativen Studie des Forschungsinstituts für Markt- und Meinungsforschungen „YouGov" besteht bei der deutschen Bevölkerung die größte Befürchtung im Umgang mit KI in der Bedrohung der Demokratie (29 %) durch gefälschte oder verzerrte Inhalte, noch vor dem Ersetzen menschlicher Arbeitskraft mit 28 % der Befragten. (vgl. YouGov, 2023).

Neben der Befürchtung einer Bedrohung der Demokratie erfahren die Medien als Institution, nach dem Edelman Trust Barometer des Kommunikations- und PR-Beratungsunternehmen Edelman, in Deutschland 2023 mit 46 % kein großes Vertrauen in der Bevölkerung. Parallel zu den vorherrschenden Befürchtungen und dem Vertrauensverlust der Medien findet die Verwendung von KI in Redaktionen bereits in unterschiedlichen Anwendungstiefen transparent statt. Während die *Süddeutsche Zeitung* noch diskutiert und nicht absehen kann, wie viel tiefer KI in die journalistische Arbeit zukünftig eingreifen wird (vgl. Kreye, 2023), versteht die *WELT* unter der Entwicklung eine „Revolution" und „Aufforderung für den Journalismus" diesen Wandel aktiv zu begleiten (Die Welt, 2023). Beide Redaktionen verwenden bereits in unterschiedlicher Ausführung KI für die Optimierung journalistischer Prozesse. Die *Allgemeine Zeitung* ist davon überzeugt, dass KI den Journalismus im Sinne des Lesers verbessern kann (vgl. Geisenhanslüke, 2023). Die Redaktionen der Verlage und Medienhäuser müssen sich den Befürchtungen der Leser bewusst sein. Dies sollte im Aufbau von Strategien zur Anwendung von KI berücksichtigt werden, um nicht weiter Vertrauen und Leser zulasten des eigenen Unternehmens zu verlieren.

Vom Zeitungsmacher zum Digitalvermittler – Journalismus im Wandel

2

Zunächst wird die historische Entwicklung des Journalismus dargestellt. Danach wird der Blick auf die Wirkung und das Vertrauen zu der Branche gerichtet, um abschließend eine Verbindung zur KI in ihrer derzeitigen Verwendung herzustellen.

2.1 Meilensteine der Mediengeschichte

Um die Geschichte des Journalismus besser nachvollziehen zu können, wird diese im vorliegenden Abschnitt in mehrere Phasen unterteilt. Der Fokus jeglicher historischen Entwicklungen liegt hierbei auf drei wesentlichen Dimensionen (vgl. Birkner, 2012):

- Politik und Recht
- Wirtschaft und Technologie
- Sozialstruktur und Kultur

Die genannten Dimensionen haben je nach historischen Faktoren unterschiedlich starken Einfluss auf den Journalismus genommen und sind somit über den gesamten Verlauf als gleichberechtigte Dimensionen zu verstehen.

© Der/die Autor(en), exklusiv lizenziert an Springer Fachmedien Wiesbaden GmbH, ein Teil von Springer Nature 2025
M. H. Dahm und K. Hermeneit, *Künstliche Intelligenz im Journalismus*, FOM-Edition, https://doi.org/10.1007/978-3-658-50090-0_2

Die Geschichte des Journalismus in Deutschland lässt sich bis zum heutigen Tag in drei wesentliche Abschnitte unterteilen, die für die komplette Ausprägung jeweils mehrere Phasen durchlaufen:

- Journalismus als gesellschaftliches Beobachtungssystem (1605 bis 1914)
- Jahrhundert des Journalismus (1914 bis 1990)
- Phase der Digitalisierung (1990 bis heute)

In der ersten Ausprägung des Journalismus zur Etablierung eines gesellschaftlichen Beobachtungssystems entsteht zunächst eine lange Phase der Genese, auf die die kürzeren Phasen der Formierung, Ausdifferenzierung und des Durchbruchs folgen (vgl. Birkner, 2011). Auf die genannten Phasen folgt das „Jahrhundert des Journalismus" (Keute & Birkner, 2022), welches durch die Weltkriege sowie den Kalten Krieg geprägt wurde und zuletzt in die Phase der Digitalisierung übergeht (vgl. Keute & Birkner, 2022).

Journalismus als gesellschaftliches Beobachtungssystem

- **Phase der Genese (1605 bis 1848):** Die Geschichte des Journalismus in Deutschland hat ihren Ursprung zu Beginn des 17. Jahrhunderts mit der Erfindung der ersten Zeitung durch Johann Carolus in Straßburg (vgl. Weber, 2005). Die Periode war durch eine geringe, elitäre Leserschaft charakterisiert, die sich von dem Großteil der restlichen Gesellschaft abgrenzte (vgl. Böning, 2008). Der Journalismus war in dieser Phase ein kulturelles Phänomen und wird daher der Sozialstruktur und Kultur zugewiesen.
- **Phase der Formierung (1849 bis 1873):** Die besiegte, aber nicht gescheiterte Märzrevolution 1848 hatte die Pressefreiheit als zentrale Forderung (vgl. Wehler, 1987). Aufgrund der dennoch weiterhin bestehenden Unterdrückung deutscher Journalisten, durch die von der Politik auferlegte Zensur, formierte sich aus einer kollektiven Sozialisation ein ausgeprägter Meinungsjournalismus, der zu einem unterdrückten Meinungskampf führte (vgl. Birkner, 2020). Die Phase der Formierung war daher durch die Einflussnahme von Zensuren von der Dimension Politik und Recht geprägt.
- **Die Phase der Ausdifferenzierung (1874 bis 1900):** Seit der Reichsgründung im Jahr 1871 wuchs die Bevölkerung in den folgenden 30 Jahren um knapp 25 Mio. an (vgl. Wehler, 1995). Neben der Urbanisierung nahm die Alphabetisierung der Gesellschaft ebenfalls zu und die Nachfrage zum Lesen von Zeitungen stieg an (vgl. Nipperdey, 1994). Durch die Veränderungen in der Gesellschaft erfuhr

der Journalismus erstmals einen Strukturwandel vom Journalismus der schriftstellenden Privatleute hin zu öffentlichen Dienstleistungen der Massenmedien (vgl. Habermas, 1990). Für einen nachhaltigen Journalismus musste sich dieser auf die Dimension der Wirtschaft und Technologie fokussieren, um zur vollständigen Entfaltung kommen zu können (vgl. Keute & Birkner, 2022). In dem Zuge wurde das Reichspressegesetz (RPG) festgelegt, das einen rechtlich sicheren und dadurch einen unternehmerisch kalkulierbaren Rahmen schuf, der eine Ökonomisierung des Journalismus förderte (vgl. Hobsbawm, 1980). Durch die Ökonomisierung und die fortschreitende Verbreitung der Medien wurden auch Werbeanzeigen in den Zeitungen zur Finanzierung des Journalismus zu einem wichtigen Faktor. Die Entwicklung in der Phase der Ausdifferenzierung schuf eine neue Art des Journalismus und ist im Kern der Dimension der Wirtschaft und Technologie zuzuordnen.

- **Die Phase des Durchbruchs (1900 bis 1914):** Durch die Ökonomisierung hat sich der Journalismus aus den Fängen des politischen Systems lösen und aufgrund einer stärkeren Marktorientierung neue Freiheiten erleben können (vgl. Keute und Birkner, 2022). Durch die Einflussnahme von Ökonomisierung und Urbanisierung entstand das gesellschaftliche Bedürfnis nach einem journalistischen Selbstbeobachtungssystem, das nicht mehr ausschließlich als Sprachrohr der Politik dienen, sondern zunehmend durch breite Informationen zur Selbstreflexion der Gesellschaft beitragen sollte (vgl. Birkner, 2012). Dieser neue und moderne Journalismus fand ab dieser Zeit in Medienunternehmen mit angestellten Journalisten statt, die in etablierten Darstellungsformen wie Zeitungen, Ressorts produzierten (vgl. Birkner, 2012). Der Durchbruch des modernen Journalismus wurde nach dem einseitigen Einfluss der Dimensionen in den vorangegangenen Phasen zu Beginn des 20. Jahrhunderts durch das gleichmäßige Einwirken aller Dimensionen ermöglicht und erwirkte damit ein gesamtgesellschaftliches Gleichgewicht.

Jahrhundert des Journalismus

Der Ausbruch des Ersten Weltkriegs sorgte für eine erneute Politisierung des Journalismus, die vor allem durch die Militärzensur, die eine kritische Berichterstattung untersagte, festgesetzt wurde. Die von der Zensur geschaffene Kriegspropaganda schürte Hass auf Feindbilder und sorgte für eine erheblich verzerrte Darstellung des Kriegsverlaufs. Zusätzlich wurden durch die Politik Presseanweisungen genutzt, um die Berichterstattung einseitig zu kontrollieren (vgl. Daniel, 2018).

Über den Zeitraum des Nationalsozialismus erfuhr der Journalismus jedoch eine weitaus härtere Vereinnahmung durch das vorherrschende politische System: Die Verfolgung jüdischer und kommunistischer Journalisten, die wirtschaftliche

Übernahme der Verlage und die nahezu vollständige Gleichschaltung der Medien schränkten die Beobachtungsfunktion des Journalismus erheblich ein und drehten diesen im Kern sogar um. Die Medien wurden in dieser Zeit zum Beobachter des Volks (vgl. Birkner, 2012). Das Ende dieser Einflussnahme auf den Journalismus trat mit der bedingungslosen Kapitulation Deutschlands durch die Niederlage und dem Ende des Zweiten Weltkriegs ein (vgl. Keute & Birkner, 2022).

Die Nachkriegszeit war aufgrund der Teilung Deutschlands und der neuen Adenauer-Regierung ebenfalls stark politisiert. Allerdings wurde durch die Alliierten sowohl in West- als auch Ostdeutschland die Neuorganisation der Medien forciert (vgl. Keute & Birkner, 2022). Dennoch wurden Journalisten in der DDR systemkonform ausgebildet und verstanden sich vielmehr als Propagandist und nicht als kritische Beobachter (vgl. Fiedler, 2014). Dem gegenüber bemühten sich die westlichen Alliierten um eine Entnazifizierung und Dezentralisierung des Mediensystems und etablierten wieder eine hohe Bedeutung der Medien, die allerdings ebenso politische Reaktionen erwirkte (vgl. Bösch & Hoeres, 2013). Das erneute Wachstum der Medien führte im weiteren Zeitverlauf zu einer funktionalen Ökonomisierung der Presse und brachte den Journalismus in den 1960er Jahren wieder ins Gleichgewicht zwischen Sozialstruktur und Kultur, Wirtschaft und Technologie sowie Politik und Recht (vgl. Keute & Birkner, 2022). Zusätzlich erfuhr die Presse in Deutschland durch das Urteil des Bundesverfassungsgerichts nach der Spiegel-Affäre, bei der nach Veröffentlichung des *Spiegels* über Missstände im Verteidigungsministerium dieses eine Durchsuchung der Redaktionsräume veranlasste, eine neue Rechtssicherheit. Die privatwirtschaftliche Organisationsform von Medienunternehmen wird seitdem vor politischer Einflussnahme geschützt (vgl. Keute & Birkner, 2022).

Digitalisierung des Journalismus
Die Medienlandschaft veränderte sich durch die Infrastruktur des World Wide Web und die Digitalisierung als Transformationsprozess grundlegend. Vor allem für traditionelle Medienunternehmen bedeutete dies bereits zur Jahrtausendwende einen Umbruch historischen Ausmaßes (vgl. Kramp & Weichert, 2020). Durch den Aufstieg von Social Media-Plattformen und neuen Möglichkeiten in der Verbreitung sowie dem Konsum von Medieninhalten, erfuhren Medienunternehmen massive Auswirkungen auf das eigene Geschäftsmodell (vgl. Kramp & Weichert, 2020). Der Journalismus befindet sich durch die Vielfalt des Nutzerkonsums im Internet seither in der Entwicklung vom traditionellen Medienunternehmen zum Digitalkonzern.

Die digitale Transformation sorgt jedoch bis heute nachhaltig für Innovationen, die auf den Markt vorstoßen und unterschiedlich stark den Journalismus vor

Herausforderungen stellen (vgl. Godulla & Wolf, 2017). Demgegenüber ist die Branche durch festgelegte Rahmenbedingungen und journalistische Prinzipien meist starr in ihren Strukturen und hat Schwierigkeiten, auf Veränderungen durch neue technologische Entwicklungen angemessen zu reagieren (vgl. Wolf, 2018). Dementsprechend droht durch neue Technologien wie KI ein Verdrängungswettbewerb, der eine wesentliche Ursache für eine ökonomische Krise des Journalismus darstellen kann (vgl. Neuberger, 2022).

2.2 Vertrauenskrise oder Neustart?

Der Journalismus als Teil der Medien nimmt eine besondere Rolle in der Branche ein, die einen wichtigen Auftrag für eine funktionierende Demokratie erfüllt. Medien leisten einen öffentlichen Auftrag und erschaffen durch das Hinterfragen jeglicher Institutionen, wie z. B. Politik und Wirtschaft, eine kritische Öffentlichkeit, von der eine gesunde Demokratie lebt. Aufgrund dieser Kritik- und Kontrollfunktion werden die Medien neben den drei Gewalten der Legislative, Judikative und Exekutive als vierte Gewalt bezeichnet. Für die Ausführung und Ausfüllung der Rolle als vierte Gewalt bedarf es der Schaffung rationaler Kommunikation in gesellschaftlichen Diskursen, die von der eigenen Rollenwahrnehmung des Journalismus abhängig ist (vgl. Brosda, 2008). Auch wenn die Medien als vierte Gewalt bezeichnet werden, gehören Sie in einer Demokratie nicht zum Staat. Sie arbeiten daher unabhängig von den Institutionen der Macht und üben aus dieser Position durch Kontrolle und Kritik ihren Einfluss aus.

Die Erfüllung dieser Funktion bedingt allerdings ein funktionierendes Vertrauensverhältnis mit dem Publikum. Dieses Vertrauensverhältnis findet nur phasenweise oder in Teilen der Bevölkerung statt (siehe Kap. 1) und der Journalismus sieht sich regelmäßig dem Vorwurf der Korruption oder „Lügenpresse" gegenüber. Fortlaufende Vorwürfe dieser Art führen nachhaltig zum Abwandern von Leserinnen und Lesern zu alternativen Nachrichtenquellen, obwohl dort die Wahrscheinlichkeit höher ist, mit Fehlinformationen versorgt zu werden (vgl. Heinke & Sengl, 2020). Dennoch sehen aufgrund dieser Entwicklung viele Expertinnen und Experten das postfaktische Zeitalter ausgerufen, in dem durch die steigende Präsenz von Fehlinformationen, „alternative Fakten" auf Augenhöhe mit „wahrheitsgetreuen Fakten" gestellt werden und die Emotionalität teilweise die Rationalität im Nachrichtenkonsum überwiegt (Hohfeldt, 2020). Vor allem der Aufstieg sozialer Netzwerke und die ansteigende Nutzung und Verbreitung von

Online-Plattformen nehmen dem Journalismus die vorherrschende Rolle und die Verantwortung der öffentlichen Diskursbildung ab. Durch die sich verändernde Medienlandschaft ist es theoretisch jeder Person möglich, über einen Internetzugang Inhalte zu veröffentlichen, ohne dass sie durch eine solche überprüfende Instanz bewertet und gewichtet werden oder sich an journalistische Standards halten zu müssen.

Kritische Meinungsäußerungen und für einen öffentlichen Diskurs wertvolle Stimmen umgehen somit zunehmend Journalisten und kommunizieren beispielsweise über soziale Netzwerke direkt mit ihrem Publikum. Die durch die Digitalisierung der Medienlandschaft steigende Konkurrenz der Informationsverbreitung veränderte zunehmend die Erfolgsdefinition eines Artikels hinsichtlich seiner Klickzahlen, Lesedauer und Konversionsraten und weniger an seiner inhaltlichen sowie gesellschaftlichen Relevanz. Diese veränderten Parameter fördern den Sensationalismus, welcher sich in der Emotionalisierung, Skandalisierung und Polarisierung wiederfindet. Es entstehen Mechanismen, die reißerische Überschriften und Inhalte fördern und Nährboden für die Verbreitung manipulativer Inhalte sowie Desinformationen schaffen (vgl. Wolff, 2024).

Große Themen wie Klimawandel, Ukraine-Krieg oder auch die Covid-19-Pandemie müssen Medienunternehmen über lange Zeiträume behandeln. Die regelmäßigen Informationen darüber sind Baustein jeglicher Diskurse und Kontrolle der themenspezifischen Akteure (vgl. Radechovsky & Schumann, 2023). Eine Problematik entsteht darin, dass eine übermäßige Berichterstattung zu Geschehnissen oder Themen zu einer Verdrossenheit führt und bei Leserinnen und Lesern negative Emotionen auslösen kann. Eine solche themenabhängige Informationsüberflutung und das Gefühl des „Genervt-Seins" nährt bei manchen Leserinnen und Lesern die Haltung eines bewussten Agenda-Settings durch eine Redaktion oder höhere Macht, senkt das Vertrauen in sie und führt zum Konsumieren alternativer Nachrichtenquellen (vgl. Schumann & Arlt, 2023).

Ein weiterer Faktor, der zu einem Vertrauensverlust in den Journalismus führt, ist, dass Leserinnen und Leser nicht kontrollieren können, ob ein Journalist seine Aufgabe in Bezug auf Sorgfalt, Objektivität und Wahrheit erfüllt. Paradoxerweise führt eine Breite an Informationen zu Unsicherheiten und Misstrauen (vgl. Radechovsky & Schumann, 2023). Transparenz und Vertrauen sind in manchen Fällen Gegenspieler anstatt sich ergänzende Faktoren. Zum einen führt die Komplexität von Inhalten durch die hohe Anzahl an Nachrichtenangeboten zu unterschiedlichen Darstellungen, die an einer einzigen Wahrheit und damit auch dem rechtschaffenen Journalismus zweifeln lassen. Der andere Aspekt ist, dass Whistleblowing und Enthüllungsjournalismus Missstände in Teilen der Institution Journalismus aufdecken. Dies hat wiederum ebenfalls einen negativen Einfluss auf ein funktionierendes Vertrauensverhältnis (vgl. Neuberger, 2017). Das entstehende Misstrauen erzeugt ein Gefühl, dass Journalisten weder fair noch objektiv über Themen berichten (vgl. Tsfati, 2010).

Die Lösungsansätze dazu sind vielfältig. Zum einen bleibt dem Journalismus nichts anderes übrig, als Journalistinnen und Journalisten – die Menschen mit subjektiven Einflüssen sind – in einem abgesteckten Rahmen zu schützen. (vgl. Winston & Winston, 2020). Zum anderen ist Transparenz zu Entscheidungen einer Redaktion sowie die Reflexion der eigenen Tätigkeit eine klare Empfehlung an Medienhäuser, die zu einer höheren Nachvollziehbarkeit in der Leserschaft führen kann (vgl. Krämer 2018). Lange Zeit wurde die Beziehung zwischen dem Journalismus und seiner Leserschaft als einseitig betrachtet, da letztere lediglich als passive Empfangende von Informationen betrachtet wurden, die keinen Einfluss auf den Journalismus nehmen konnten (vgl. Meusel, 2014). Durch die technologische Entwicklung und die Verwendung neuer digitaler Medien beschränkt sich das Verhältnis nicht mehr auf eine einseitige Beziehung zwischen einem Informationssender und -empfänger. Vielmehr hat sich das Publikum durch Kommentarfunktionen, Diskussionsplattformen oder die Einbindung in Erstellungsprozesse zu einem aktiven Teil der Beziehung entwickelt (vgl. Loosen, 2019). Durch diese beschriebene Beziehungsdynamik steht der Journalismus vor einem Paradoxon, einerseits die Bedürfnisse der Leserschaft erfüllen zu wollen und andererseits unabhängig zu bleiben (vgl. Loosen, 2023).

2.3 Künstliche Intelligenz im Journalismus

Die Verwendung von KI im Journalismus nimmt eine stetig bedeutender werdende Rolle ein. KI schafft neue intensive Auseinandersetzungen mit einer Technologie und wirft zusätzlich Fragen auf, welchen Einfluss dies auf die Natur journalistischer Inhalte und die Wechselwirkung mit dem Publikum hat (vgl. Kilg, 2024). Künstliche Intelligenz übernimmt bereits journalistische Kernaufgaben, die von der Recherche und Selektion von Information bis zur Erstellung von Inhalten reichen (vgl. Diakopoulos, 2019). Darüber hinaus ist die Verwendung von KI-Tools für Transkription, Text-to-Speech und zur Verifizierung von Fakten ebenfalls in vielen Redaktionen bereits Routine (vgl. Canavilhas, 2022).

Über handwerkliche journalistische Tätigkeiten hinaus spielt KI bereits in mehreren Medienunternehmen einen wesentlichen Faktor zur Automatisierung von Empfehlungen für das eigene Publikum, Kündigungsprognosen von Abonnements oder auch das Errichten und Optimieren von Paywalls (vgl. De-Lima Santos & Ceron, 2022). KI kann zudem investigative Journalisten unterstützen, indem umfangreiche Datensätze analysiert werden, um Beziehungen und Muster zu erkennen (vgl. Graßl et al., 2022).

Wie Künstliche Intelligenz funktioniert 3

Künstliche Intelligenz als übergeordneter Begriff für Ansätze des maschinellen Lernens, Deep Learnings und neuronaler Netze basiert auf statistischen Verfahren, wie das Vorhersagen von Werten (Regression), das Einordnen von Daten in Kategorien (Klassifikation), das Gruppieren ähnlicher Daten (Clustering) und die Reduzierung von Datenmengen ohne wichtigen Informationsverlust (Dimensionsreduktion) (vgl. Klinkhammer & Keller, 2024). Die Verwendung von KI bezieht sich auf die Programmierung von Maschinen und Systemen, die befähigt sind, menschenähnliche Intelligenz zu zeigen (vgl. Klinkhammer, 2023).

Im wissenschaftlichen Kontext wird KI der Informatik zugeordnet (vgl. Babel, 2024). Unterschieden wird dabei zwischen schwacher und starker KI. Starke KI umfasst mehrere Computersysteme, die auf Augenhöhe mit dem Menschen Aufgaben erledigen bzw. den Menschen Prozesse abnehmen. Schwache KI wird für das Erledigen von einzelnen Anwendungsproblemen (z. B. Sprachassistenten wie „Siri" oder „Alexa") hinzugezogen und ist die am häufigsten eingesetzte KI (vgl. THWS, 2023). Unabhängig davon, wie stark eine KI ist, muss sie angelernt werden, indem sie mit Informationen durch den Menschen versorgt wird. Eine KI lernt über sogenannte Erkennungsmethoden, die dazu beitragen, dass sie sich ein immer größer werdendes Entscheidungsnetzwerk aufbaut, das zur Auslotung von Wahrscheinlichkeiten dient. Die Lernverfahren, die zum Aufbau des Entscheidungsnetzwerkes dienen, lassen sich in drei Verfahren aufgliedern (vgl. Babel, 2024):

1. **Überwachtes Lernen:** Beim überwachten Lernen basiert der Trainingsprozess auf einer vordefinierten Grundwahrheit. Das KI-System kennt bereits die richtige Antwort und passt seine Algorithmen so an, dass es aus dem

M. H. Dahm und K. Hermeneit, *Künstliche Intelligenz im Journalismus*, FOM-Edition, https://doi.org/10.1007/978-3-658-50090-0_3

gegebenen Datensatz die genauesten Vorhersagen ableitet. Gängige Methoden des überwachten Lernens sind lineare Regression, Diskriminanzanalyse und Entscheidungsbäume (vgl. Kreutzer & Sirrenberg, 2019).

2. **Unüberwachtes Lernen:** Es lassen sich zwei Hauptansätze für das unüberwachte Lernen unterscheiden. Clustering gruppiert Daten in Kategorien ohne vordefinierte Labels. Die KI identifiziert selbst Muster und nutzt diese, um Daten zu kategorisieren (vgl. Krause und Natterer, 2019).
   Der zweite Ansatz, die Dimensionalitätsreduktion, basiert auf einer vordefinierten Struktur, die bestimmt, wie die Daten zu differenzieren sind. Diese Methode verbessert die Verarbeitungseffizienz und wird vor allem eingesetzt, um große Datensätze vorab zu strukturieren und so einen besseren Überblick über deren Inhalt zu erhalten (vgl. Krause & Natterer 2019).

3. **Verstärkendes Lernen:** komplexe Steuerungsprobleme. Zu Beginn der Lernphase gibt es keine optimale Lösung, sodass das System durch wiederholte Trial-and-Error-Verfahren in einer Simulationsumgebung Strategien generiert und selbst anpasst (vgl. Kreutzer & Sirrenberg, 2019). Der Lernprozess basiert auf einem Belohnungs- und Bestrafungssystem, bei dem erfolgreiche Strategien verstärkt werden, während ineffektive Strategien verworfen oder weiter verfeinert werden (vgl. Kreutzer & Sirrenberg, 2019). Im Zentrum dieses Prozesses steht das Exploration-Exploitation-Dilemma, bei dem das System zwischen der Erkundung neuer und der Nutzung bestehender Strategien abwägen muss, um das vorgegebene Ziel so effizient wie möglich zu erreichen (vgl. Herrmann & Peiss, 2019). Die Maximierung der Belohnung ist ein wesentlicher Bestandteil des Lernens, da der Algorithmus seine Strategie kontinuierlich anpasst, um die effizienteste Lösung zu finden (vgl. Kreutzer & Sirrenberg, 2019).

Status quo von KI in Redaktionen – Einblicke aus der Praxis

4

Welche Herausforderungen durch KI auf den Journalismus einwirken, wird stetig auf unterschiedlichen Ebenen erforscht. Der Einfluss erstreckt sich von technologischen über handlungsweisende bis hin zu existenziellen Aspekten (vgl. Lin & Lewis, 2022). Ein wesentliches Ziel und ebenso eine Herausforderung im Umgang mit KI im Journalismus ist es, Vertrauen in eine positive Nutzung mit der Technologie zu schaffen (vgl. Newman, 2023). Aufgrund des in Abschn. 2. 1 beschriebenen Drucks durch die Digitalisierung der Geschäftsmodelle ist der durch KI algorithmisch und automatisiert getriebene Journalismus erstrebenswert (vgl. Canavilhas, 2022). In Redaktionen wird diskutiert, für welche Bereiche KI genutzt und für welche diese gemieden werden sollte (vgl. Dörr & Hollnbucher, 2017). Die richtige und sorgfältige Nutzung einer KI im journalistischen Umfeld ist von der Verwendung jedes einzelnen Journalisten abhängig. Nicht zuletzt dieser Aspekt und das teilweise fehlende Wissen in Redaktionen führt zu der nicht vollständigen Nutzung bzw. dem Ausweichen auf externe Ressourcen wie Nachrichtendienste, sodass KI nur in Teilbereichen einer Redaktion genutzt wird (vgl. Thomson & Thomas, 2023).

Redaktionen greifen daher häufig auf eigene KI-Richtlinien zurück, die sich primär mit den Themen Transparenz und Verantwortlichkeit beschäftigen (vgl. Becker, 2023). Letztlich besteht eine Gefahr für einen qualitativen Journalismus mit Verwendung von KI dadurch, dass eine KI teilweise auf Datensätze zurückgreift, die für eine Redaktion intransparent sind. Dadurch besteht die Gefahr, dass generierte Inhalte durch Datengrundlagen aus Fehlinformationen oder Deepfakes entstehen und dessen Herkunft für Journalisten teilweise nicht bekannt sein könnte (vgl. Tsfati et al., 2020). Eine solche fehlende Transparenz

M. H. Dahm und K. Hermeneit, *Künstliche Intelligenz im Journalismus*, FOM-Edition, https://doi.org/10.1007/978-3-658-50090-0_4

kann vor allem bei einer fehlenden Kontrolle zu KI-generierten Artikeln zu Einbußen der Glaubwürdigkeit führen und letztendlich einen demokratischen Diskurs gefährden.

Die Transparenzhinweise einzelner Redaktionen lassen darauf schließen, dass es im Journalismus keine einheitliche Verwendungstiefe und Einschätzung der zukünftigen Entwicklung zu KI innerhalb der Branche gibt (siehe Kap. 1). Um ein tieferes Verständnis und nähere Einblicke in den Ablauf von Redaktionen im Zusammenhang zu KI zu erlangen, wurden leitfadengestützte Interviews mit Experten aus der Branche geführt.

Die Auswahl der Experten fokussiert sich auf Redaktionsmitglieder und -verantwortliche, die an der Einführung und Entwicklung von KI direkt oder verantwortlich beteiligt sind. Diese ausgewählten Fachleute sind Visionäre und maßgeblich an den aktuellen Entwicklungen, Anwendungen und Herausforderungen von KI in Redaktionen verantwortlich und können auf Basis ihrer praktischen Erfahrung und ihres Fachwissens wertvolle Einblicke in den gegenwärtigen Stand zur Verwendung von KI im Journalismus geben. Insgesamt wurden zwischen April und August 2024 fünf Experteninterviews mit Chefredakteuren oder Redaktionsverantwortlichen für KI aus verschiedenen Verlagen bzw. Medienhäusern geführt.

4.1   Wie Redaktionen KI heute nutzen

Künstliche Intelligenz ist in den meisten Redaktionen bereits seit längerer Zeit ein fester Bestandteil journalistischer Prozesse. Ihre Integration erstreckt sich in manchen Redaktionen sogar über nahezu alle Phasen der Content-Erstellung, wenngleich auch in anderen Redaktionen KI bislang nur in Teilbereichen Einsatz findet. Der Einfluss von KI findet dabei von der Unterstützung bei der Themenrecherche über die automatisierte Textgenerierung bis hin zur finalen Veröffentlichung statt. Es wird vermehrt deutlich, dass KI mittlerweile eine zentrale Rolle in modernen Redaktionen spielt, indem selbst vermeintlich traditionelle Prozesse zunehmend von Algorithmen unterstützt oder automatisiert werden. Amien Idries, stellvertretender Chefredakteur vom Mediahuis Aachen, fasst dies so zusammen: „Es gibt inzwischen keinen Content mehr bei uns, der nicht in irgendeiner Art und Weise Kontakt zu KI hatte. Schon allein, weil jeder Artikel eine Rechtschreibkontrolle durchläuft, die mit KI arbeitet" (Idries, 2024).

Die Verwendungsweisen von KI zeigen immer mehr auf, dass diese nicht mehr nur eine Ergänzung darstellt, sondern sich zu einem Kernbestandteil der journalistischen Arbeit entwickelt. KI prägt vornehmlich redaktionelle Arbeitsabläufe, in denen Routineaufgaben abgelöst und somit Zeitressourcen freigegeben werden können, sodass der Fokus auf kreative, investigative oder redaktionell wertvolle Tätigkeiten gelenkt werden kann. Das Transkribieren von Interviews mittels KI stellt für Redaktionen einen erheblichen Mehrwert dar. Es erleichtert nicht nur im Wesentlichen die redaktionelle Arbeit und die Zeitersparnis ermöglicht, dass Interviews durch Redakteure häufiger durchgeführt werden können. Ebenso das Redigieren von längeren Texten wie Pressemitteilungen oder Beiträgen freier Autoren gehört zu den Prozessen, die bereits von einer KI übernommen werden. Darüber hinaus werden Überschriften und Teaser gezielt für Suchmaschinen optimiert (SEO), sodass die Auffindbarkeit von Inhalten und Artikeln verbessert wird.

Zusätzlich wird generative KI bei der Erstellung von Audiomaterialien sowie bei der Bearbeitung von Texten, Bildern und Videos genutzt. Im Audiobereich wird sie beispielsweise verwendet, um Sounds, Jingles und Hintergrundmusik zu erstellen.

In einer tieferen Betrachtung über den Einsatz von KI wird ersichtlich, wie vielseitig die Technologie in den journalistischen Alltag integriert werden kann. Dabei umfasst der Einsatz allgemeine, zugängliche KI-Anwendungen, aber gleichermaßen maßgeschneiderte Lösungen für spezifische Anwendungsfälle. Einige Redaktionen setzen auf selbst entwickelte KI-Tools, die in verschiedenen Bereichen unterstützen. Diese Tools kommen unter anderem bei der Erstellung von Überschriften und Teasern, beim Transkribieren von Interviews und bei der Themenfindung zum Einsatz. Sie sind fest in die redaktionellen Abläufe eingebunden und bieten Redakteuren auch hier eine hilfreiche Unterstützung bei wiederkehrenden Aufgaben.

Auch die Erstellung einfacher Texte wird zunehmend automatisiert. Dazu gehören beispielsweise Polizeimeldungen oder Sportergebnisse, die eine KI-Anwendung eigenständig verfasst. Diese Automatisierung ermöglicht es, zeitintensive Standardaufgaben effizient zu bearbeiten, wodurch an der Stelle ebenfalls Kapazitäten für andere Tätigkeiten geschaffen werden. Es gibt Redaktionen, die eigenständig KI-Tools entwickelt haben, die beispielsweise auf eine freundliche Art und Weise „KI-Buddy" genannt werden. Eine Beispielanwendung dazu ist eine eigenständig errichtete Oberfläche innerhalb der Mediengruppe NOZ/mh:n MEDIEN, an die eine KI-Technologie angebunden und auf Tonalität, Zielgruppe und weitere Gegebenheiten des Mediums trainiert wurde. Redakteure können über das Tool durch eine simple Eingabe eines Prompts kleinere Artikelformate wie Polizeimeldungen erstellen lassen, die in unterschiedlichen Mediengattungen erscheinen können.

Ein weiterer innovativer Einsatzbereich betrifft die Layouterstellung. Hier übernimmt ein sogenannter Layoutautomat einen Großteil der Arbeit und erstellt täglich eine Vielzahl von Seiten für beispielsweise Lokalausgaben von Zeitungen.

Im Bereich der Leseransprache wird KI genutzt, um personalisierte Inhalte bereitzustellen. So integrieren Redaktionen eine KI-gesteuerte Inhalte-Box in ihre News-Apps und Homepages, die den Nutzenden auf Basis ihrer Interessen ein individuell zugeschnittenes Informationspaket präsentieren. Diese Art der Personalisierung kann die User-Erfahrung verbessern und steigert die Relevanz der bereitgestellten Inhalte.

Auch im Community-Management wird KI angewendet. Einige Redaktionen nutzen Tools, die Kommentare zu Artikeln überwachen und sicherstellen, dass sie den Richtlinien entsprechen. Das System filtert toxische Sprache automatisch heraus, um einen respektvollen und konstruktiven Diskurs zu gewährleisten.

Diese Beispiele verdeutlichen, wie flexibel KI in unterschiedlichen Bereichen des redaktionellen Arbeitens eingesetzt werden kann. Ob bei der inhaltlichen Erstellung, der Gestaltung, der Leserinteraktion oder der Moderation von Diskussionen – KI leistet einen bedeutenden Beitrag zur Effizienz und Qualität in modernen Redaktionen.

4.2   Zwischen Effizienz und Risiko – Strategien und Umgang mit KI

Die Nutzung von KI in Redaktionen variiert nicht nur hinsichtlich ihrer konkreten Anwendungen, sondern auch in der strategischen Herangehensweise, wo und wie diese implementiert werden soll. Dabei zeigt sich ein gemeinsames Ziel: Die Arbeit mit KI soll die Effizienz steigern und Redakteure bei wiederkehrenden Aufgaben entlasten, sodass sie sich auf kreative und inhaltlich anspruchsvolle Tätigkeiten konzentrieren können. Die Aussage von Julius Sandmann, KI-Verantwortlicher für die *Badische Neueste Nachrichten,* illustriert diese Herangehensweise: „Wir wollen repetitive Arbeit reduzieren, um mehr qualitative Arbeit zu ermöglichen" (Sandmann, 2024).

Viele Redaktionen haben bereits interne Richtlinien entwickelt, die den Umgang mit KI klar definieren. Diese Leitlinien sind verbindlich und werden häufig vor ihrer Einführung mit der gesamten Redaktion abgestimmt. In den meisten Fällen ist die Chefredaktion für die KI-Richtlinien verantwortlich, diese zu verabschieden und im Redaktions-Team zu implementieren. Dabei gibt es allerdings redaktionsspezifisch unterschiedliche Ansätze, wie und wo KI eingesetzt werden soll, darf und kann. Einige Redaktionen definieren gezielt Bereiche, in denen der Einsatz von KI ausdrücklich unerwünscht ist, beispielsweise die *Osnabrücker Zeitung,* wie die Chefredakteurin Louisa Riepe erklärt: „Wir haben in der Vorarbeit Spielplätze definiert, (…) aber es gibt auch No-go-Areas, wo wir gesagt haben, da wollen wir KI nicht einsetzen" (Riepe, 2024).

Im Kontrast dazu wird in anderen Medienhäusern eine offene Herangehensweise bevorzugt und bestimmt, dass es keine Denkverbote geben soll und alle redaktionellen Prozesse auf mögliche KI-Anwendungen geprüft werden: „(…) es gibt keinerlei Teile des redaktionellen Prozesses (…) wo es ein Denkverbot zu KI gibt" (Geisenhanslüke, 2024). Dies teilt der stellvertretende Chefredakteur der Mediengruppe VRM Mario Geisenhanslüke mit.

Trotz definierter „No-go-Areas" oder freiem Denken in den Redaktionen wird der Umgang mit KI auf experimenteller Ebene übergreifend gefördert und neue Einsatzmöglichkeiten werden aus reiner Neugierde oder systematischer Herangehensweise getestet.

Unabhängig von der strategischen Ausrichtung bleibt der Mensch in den meisten Redaktionen zentraler Bestandteil des redaktionellen Prozesses. Die Verantwortung für Inhalte, die mit Unterstützung von KI entstehen, liegt weiterhin bei den Redakteuren. Es wird betont, dass kein Produkt ohne menschliche Überprüfung veröffentlicht wird und Fehler nicht der KI angelastet werden können. Julius Sandmann, KI-Verantwortlicher der *Badischen Neuesten Nachrichten,* betont: „Bei uns steht sowohl am Anfang als auch am Ende einer redaktionellen Entscheidung immer ein Mensch. (…) Man wird bei uns niemals einen inhaltlichen Fehler von der KI auf ein KI-Modell schieben können, weil die Verantwortung immer der Redakteur oder die Redakteurin hat" (Sandmann, 2024).

Diese unterschiedlichen Perspektiven verdeutlichen, dass der Einsatz von KI nicht nur von technischen Möglichkeiten, sondern auch von ethischen und organisatorischen Überlegungen geprägt ist. Die Bandbreite der Strategien reicht von klar definierten Richtlinien bis hin zu experimentellen Ansätzen, wobei stets die Verantwortung der Redakteure im Mittelpunkt steht.

Auch die Entwicklung und Entwicklungsgeschwindigkeit von KI im Journalismus wird von den Redaktionen und Medienorganisationen unterschiedlich wahrgenommen und bewertet. Für viele sind die Dimensionen und das Potenzial von KI für den Journalismus noch ungewiss und die aktuellen Fortschritte sollen nur die Spitze des Eisbergs darstellen. Es wird jedoch immer deutlicher, dass KI auch in Zukunft eine wichtige Rolle bei der Optimierung und Automatisierung von Redaktionsprozessen spielen wird.

Der Einsatz von generativer KI wird hingegen kritischer gesehen, da er sich negativ auf die Qualität und Integrität des Journalismus auswirken kann, wie die

Stellungnahme von Amien Idries (Mediahuis Aachen) dazu zeigt: „Eine Erstellung von längeren Stücken nur mit generativer KI sehe ich ehrlich gesagt auf absehbare Zeit nicht, weil ich da unsere journalistische Integrität verletzt sehe" (Idries, 2024).

Auch wenn das Ausmaß der KI-gesteuerten Veränderungen im Journalismus nicht vorhersehbar ist, besteht Einigung darüber, dass das Innovationstempo außergewöhnlich hoch sein wird. Es wird deutlich, dass dies den Redaktionen und Medienunternehmen ein hohes Maß an Anpassungsfähigkeit abverlangen wird.

Die Möglichkeiten für den Einsatz von KI im Journalismus sind vielfältig und umfassen verschiedene redaktionelle Disziplinen. Es wird davon ausgegangen, dass KI-gestützte Archivierungs- und Recherchefunktionen die journalistische Arbeit erheblich verbessern werden, indem sie einen schnelleren und zuverlässigen Zugang zu relevanten Informationen ermöglichen.

Eine andere große Chance liegt in der weiteren Personalisierung von Inhalten. Intelligente Assistenzsysteme können beispielsweise Redaktionen unterstützen, indem sie Aufschluss darüber geben, ob die Artikel eines Journalisten tatsächlich die Bedürfnisse des anvisierten Publikums erfüllen.

KI bietet Möglichkeiten, die mit traditionellen redaktionellen Methoden nur schwer zu erreichen wären, da Inhalte genauer auf individuelle Nutzerinteressen zugeschnitten werden können, wie es Miriam Scharlibbe, zum Zeitpunkt des Interviews Chefredakteurin des Schleswig-Holsteinischen Zeitungsverlags, beschreibt: „Ich glaube, ein Feld, wo uns KI viel helfen kann, was wir im Moment mit Menschenhand nur bedingt können, ist der ganze Bereich Personalisierung. Also Produkte sehr zugeschnitten auf einen einzelnen Leser, eine einzelne Leserin, einen einzelnen User" (Scharlibbe, 2024).

Letztlich kann KI nicht nur redaktionelle Prozesse effizienter machen, sondern auch dazu beitragen, das journalistische Profil zu schärfen und die Positionierung gegenüber rein automatisierten Inhalten zu verbessern. Der zunehmende Einsatz von KI wird als Chance gesehen, einen erhöhten Fokus auf journalistische Kernqualitäten zu setzen, um sich bewusst von automatisierten Inhalten zu unterscheiden. KI kann also dazu genutzt werden, die Reputation von Redaktionen und Kompetenzen zu stärken und sie von vollautomatisierten Angeboten zu differenzieren – für Louisa Riepe von der *Neuen Osnabrücker Zeitung* stellt dies einen entscheidenden Faktor da: „Im Endeffekt wäre das aus meiner Sicht eine Konzentration auf ureigenste journalistische Qualitäten, auf die wir uns vielleicht zu einem Teil wieder zurückbesinnen müssen, um eben etwas anzubieten, was kein Anbieter mit KI kann" (Riepe, 2024).

Neben den vielen Chancen bringt die zunehmende Integration von KI in den Journalismus auch erhebliche Herausforderungen und Risiken mit sich. Diese Bedenken umfassen strategische, ethische und arbeitsmarktpolitische Fragen.

Eine der größten Herausforderungen ist die Unterscheidung zwischen redaktionellen und KI-generierten Inhalten. Wenn diese Unterscheidung unklar wird, laufen die Redaktionen Gefahr, Glaubwürdigkeit und Identität zu verlieren. Schlimmstenfalls könnte der Journalismus austauschbar werden. Qualitativ hochwertiger Journalismus setzt voraus, dass die Inhalte einzigartig und glaubwürdig sind – Qualitäten, die im Wesentlichen von menschlicher redaktioneller Arbeit getragen werden. Wenn diese Unterscheidung nicht mehr eindeutig ist, kann die journalistische Qualität an Bedeutung verlieren und letztlich das Überleben von Verlagen und Medienhäusern gefährden.

Ein weiterer kritischer Faktor sind die Auswirkungen der KI auf den Arbeitsmarkt. Der zunehmende Einsatz intelligenter Systeme wird unweigerlich zu einer Veränderung der Arbeitsaufgaben und -strukturen in den Redaktionen führen. Dies bedeutet nicht zwangsläufig einen breiten Stellenabbau, aber es signalisiert eine Umstrukturierung, bei der Fähigkeiten im Umgang mit KI-Technologien immer wichtiger werden. Mitarbeitende, die sich nicht an diese technologischen Veränderungen anpassen, könnten Gefahr laufen, ersetzt zu werden. Darauf macht Miriam Scharlibbe vom Schleswig-Holsteinischen Zeitungsverlag aufmerksam: „KI wird keine Menschen ersetzen oder keine Jobs. Aber KI wird Menschen ersetzen, die nicht mit KI umgehen können. (…) das ist das, was der Arbeitsmarkt der Zukunft ist. Jeder muss sich damit auseinandersetzen" (Scharlibbe, 2024).

Die Einführung neuer Technologien kann zum Wegfall bestimmter Aufgaben und Berufsbilder führen. Dies bedeutet jedoch nicht zwangsläufig Entlassungen oder den Verlust des Arbeitsplatzes für den Einzelnen. Vielmehr entwickelt sich eine Anforderung, die Fähigkeiten anzupassen, um in der sich wandelnden Medienlandschaft relevant zu bleiben.

Abgesehen von den Auswirkungen auf den Arbeitsmarkt und Stellenprofile birgt KI auch ein erhebliches Risiko für die Zuverlässigkeit der generierten Inhalte. KI-Systeme neigen zu Fehlern und können sogenannte „Halluzinationen" produzieren: Erfundene, aber scheinbar glaubwürdige Informationen. Dies ist besonders im Journalismus problematisch, wo Fehlinformationen rechtliche und gesellschaftliche Folgen haben können. KI-generierte Berichte können beispielsweise Personen oder Organisationen fälschlicherweise strafbarer Handlungen beschuldigen. So gibt es im Testing von KI-Anwendungen mehrere solcher Fälle: Aus „Die Insassen konnten sich rechtzeitig von dem brennenden

Fahrzeug entfernen" machte eine generative KI „Die Insassen begingen Fahrerflucht" (vgl. Scharlibbe, 2024). Eine sorgfältige Überprüfung aller KI-generierten Inhalte ist daher notwendig, da der angerichtete Schaden ins Unermessliche gehen kann. Auch bei der Erstellung und Verbreitung von Fake News spielt die KI eine entscheidende Rolle. Die Technologie macht es wesentlich einfacher, manipulierte oder irreführende Inhalte in großem Umfang zu produzieren und zu verbreiten. In sensiblen Bereichen wie der politischen Berichterstattung können KI-generierte Fehlinformationen weitreichende gesellschaftliche Folgen haben und das Vertrauen der Öffentlichkeit in die Medien dauerhaft beschädigen, wie Mario Geisenhanslüke (VRM) verdeutlicht: „Wenn wir jetzt KI-Systeme einbauen, die (…) Fake News im Bereich Politik verbreiten, (…) und damit beeinflussen wir im Endeffekt irgendeine demokratische Wahl, ist der Schaden, den ich angerichtet habe, dadurch deutlich höher" (Geisenhanslüke, 2024).

Schließlich wächst die Besorgnis über die Dominanz großer KI-gestützter Plattformen (z. B. Perplexity), die journalistische Inhalte ohne Genehmigung und zu ihrem eigenen Vorteil nutzen. Diese Praktiken bedrohen direkt die bestehenden Geschäftsmodelle. Darauf weist auch Mario Geisenhanslüke hin: „Sollte das Thema Künstliche Intelligenz das Internet, wie wir es kennen, komplett verändern, (…) dann stehen wir plötzlich davor, dass das Geschäftsmodell, was wir haben, in einem digitalen Raum stattfindet, den es so nicht mehr gibt" (Geisenhanslüke, 2024). Dies könnte dazu führen, dass journalistische Angebote einzelner Verlage oder Medienhäuser finanziell nicht mehr tragfähig sind.

Angesichts dieser Herausforderungen ist es für Nachrichtenredaktionen wichtig, ihre Mitarbeiter transparent in den Transformationsprozess einzubeziehen und sie sowohl über Chancen als auch über Risiken zu informieren und gleichzeitig sicherzustellen, dass KI verantwortungsvoll eingesetzt wird. Nur wenn diese Aspekte proaktiv angegangen werden, kann der Journalismus gestärkt und nicht geschwächt werden, sodass die Medienorganisationen die vielen Herausforderungen, die Künstliche Intelligenz mit sich bringt, konstruktiv und nachhaltig bewältigen können.

Trotz der identifizierten Herausforderungen und Risiken steht die Branche der Anwendung und Weiterentwicklung von KI im Journalismus überwiegend positiv gegenüber. Gleichzeitig wird jedoch davor gewarnt, das Thema nicht unbedacht anzugehen und sich in einem anfänglichen Überschwung fehlleiten zu lassen. Ein gemeinsamer, offener Ansatz in der gesamten Branche wird als Schlüsselfaktor für eine erfolgreiche Integration von KI angesehen. Expertinnen und Experten betonen, wie wichtig ein offener Erfahrungsaustausch innerhalb der Branche ist, damit sich alle Medienhäuser und Redaktionen auf der Grundlage eines vergleichbaren Wissensstandes entwickeln und positionieren können: „(…) es wäre sehr wichtig, dass die Medienlandschaft sich da gemeinsam aufstellt (…) und nicht jeder sein eigenes Süppchen kocht. (…) es wäre viel wichtiger, dass man da eine breite Basis der Kooperation schafft" (Sandmann, 2024).

4.3 Vertrauen, Transparenz und die Zukunft journalistischer Qualität

Die Frage, ob und unter welchen Umständen Artikel eine Transparenzkennzeichnung enthalten sollten, die angibt, dass sie mit Hilfe von KI oder vollständig von KI erstellt wurden, ist Gegenstand einer anhaltenden Debatte in der Branche. Während allgemein Einigkeit darüber herrscht, dass Transparenz ein wichtiges Instrument ist, um das Vertrauen und die Akzeptanz der Leserinnen und Leser zu erhalten, gehen die Meinungen darüber auseinander, wie umfassend diese Transparenz in der Praxis umgesetzt werden sollte.

Die vorherrschende Tendenz besteht darin, Transparenzkennzeichnungen zu verwenden, wenn Inhalte völlig ohne menschliches Zutun erstellt werden. Insbesondere in Fällen, in denen nicht sofort klar ist, ob ein Artikel von einem Menschen oder einer Maschine erstellt wurde, wird ein klarer Hinweis als notwendig erachtet. Mehrere Expertinnen und Experten sind der Meinung, dass ein breiterer und offenerer Ansatz für den Einsatz von KI verfolgt werden sollte und dass die Leserschaft über die Rolle, die KI im redaktionellen Prozess spielt, informiert werden sollten. Einige Redaktionen praktizieren bereits volle Transparenz, indem sie offen kommunizieren, dass fast alle Inhalte mit Hilfe verschiedener KI-Systeme erstellt werden: „(…) wir haben den Lesern ja auch transparent erklärt, dass kein Inhalt bei uns nicht heute schon ohne mannigfaltige KI-Systeme das Licht der Welt erblickt. Das ist auch nichts Neues und das ist auch nicht erst seit gestern, sondern seit Jahren so" (Geisenhanslüke, 2024), stellt Mario Geisenhanslüke vom VRM klar.

Gleichzeitig betont die Mehrheit der Expertinnen und Experten in den Interviews, dass Artikel, die mit generativer KI erstellt wurden, ausdrücklich gekennzeichnet werden sollten, um die Glaubwürdigkeit zu gewährleisten. Es gibt jedoch auch Annahmen, dass die Bedeutung einer solchen transparenten Kennzeichnung im Laufe der Zeit abnehmen könnte, wenn KI stärker in den Alltag integriert wird, so etwa die Vermutung von Louisa Riepe *(Neue Osnabrücker Zeitung)*: „KI wird in alle Bereiche des Lebens Einzug halten. (…). Dann lernen die Menschen sowieso oder sind sowieso tagtäglich mit Künstlicher Intelligenz in Kontakt. Irgendwann wird es das Normale sein und dann braucht es vielleicht auch nicht für jeden kleinen Schritt eine eigene Kennzeichnung" (Riepe, 2024).

Im Moment herrscht allerdings Einigkeit darüber, dass die Transparenz beim Einsatz von KI das Vertrauen der Leserinnen und Leser in journalistische Inhalte fördert und die Glaubwürdigkeit der Redaktionen stärkt.

Alles in allem wird deutlich, dass eine klare Haltung zur Transparenz nicht nur für die Leserschaft wichtig ist, sondern auch für die künftige Positionierung und Glaubwürdigkeit journalistischer Organisationen im Umgang mit KI entscheidend ist.

Trotz anhaltender Debatten über die notwendige Transparenz beim Einsatz von KI sind einige Branchenvertreter davon überzeugt, dass KI im Journalismus ein erhebliches Risiko darstellt, das Vertrauen zu untergraben und möglicherweise Leserinnen und Leser zu verlieren. Andere Stimmen betonen jedoch, dass gerade in diesem Spannungsfeld auch Chancen liegen könnten. „Ich glaube, je stärker die Nutzung von KI fortschreiten wird, desto stärker wird das Thema Vertrauen eine Rolle spielen. Das kann meines Erachtens eine große Chance für den Journalismus sein, vor allem für lokale Medienhäuser, die über dieses Vertrauen ihrer Leserinnen und Leser verfügen" (Idries, 2024), lautet die Sichtweise von Amien Idries vom Mediahuis Aachen.

Aber Vertrauen wird letztlich nicht dadurch bestimmt, ob KI eingesetzt wird, sondern durch die Qualität und Zuverlässigkeit der veröffentlichten Inhalte. Die Leserinnen und Leser beurteilen journalistische Angebote danach, ob sie halten, was sie versprechen – sei es lokale, regionale oder überregionale Berichterstattung. „(…) am Ende bewerten uns die User da draußen rein am Ergebnis. Das Ergebnis, für das wir stehen, ist wahrhaftiger Qualitäts-, Lokal- und Regionaljournalismus" (Geisenhanslüke, 2024), verdeutlicht Mario Geisenhanslüke (VRM).

Wenn Nachrichtenredaktionen diese ethischen Standards und Sorgfaltspflichten nicht einhalten – beispielsweise durch die Veröffentlichung ungenauer oder undurchsichtiger KI-generierter Inhalte – kann ihre Glaubwürdigkeit langfristig Schaden nehmen und die Legitimität journalistischer Angebote grundsätzlich infrage gestellt werden. Der Kernauftrag von Nachrichtenredaktionen und Medienorganisationen, qualitativ hochwertige, wahrheitsgemäße Inhalte zu liefern, muss unverändert bleiben, unabhängig von Recherchetools, technologischen Fortschritten oder dem Druck schneller Veröffentlichungszyklen.

Der Einsatz von KI steht nicht im Widerspruch zur Aufrechterhaltung einer vertrauenswürdigen Beziehung zu den Leserinnen und Lesern. Wenn KI-Systeme effektiv eingesetzt werden, um qualitativ hochwertigen, von Menschen gemachten Journalismus zu verbessern oder zu unterstützen, sind die Leserinnen und Leser im Allgemeinen offen für KI-generierte Inhalte. Der wichtigste Faktor ist jedoch, dass die Gesamtqualität der journalistischen Produkte hoch bleibt, da dies das Vertrauen fördert und aufrechterhält.

Was Leser denken – Akzeptanz und Erwartungen im KI-Zeitalter

Der Einblick in die Redaktionen und deren KI-Strategien bzw. -Umsetzungen zeigt, dass sich KI zukünftig tiefer in die redaktionellen Prozesse einfügen wird. Mit Blick auf die Leserschaft stellt sich die Frage, inwieweit bei fortschreitender Integration von KI das Risiko besteht, das Vertrauen der Leserschaft und letztendlich diese selbst zu verlieren. Um dies zu beantworten, wird das Modell der „Theory of Planned Behaviour" (TPB) aus der Akzeptanzforschung herangezogen. Diese entwickelt solche Modelle, um Ursachen für die Annahme oder Ablehnung gegenüber Akzeptanzobjekten nachvollziehen zu können. Darauf aufbauend wird im vorliegenden Abschnitt eine Umfrage zur Akzeptanz von KI-generierten Artikeln durchgeführt, die auf Basis der Theory of Planned Behaviour untersucht, welche Parameter das Verhalten und die Akzeptanz solcher Artikel gegenüber beeinflussen.

5.1 Was Verhalten bestimmt – Theory of Planned Behaviour (TPB)

Die Theory of Planned Behaviour (TPB) setzt voraus, dass die Absicht zu handeln, zwangsläufig der Ausführung des Verhaltens vorgestellt ist. Das Modell der TPB beinhaltet keinen eindeutigen Technologiebezug, sondern thematisiert das Verhalten von Personen im Allgemeinen.

Aufgebaut ist die TPB auf der Theory of Reasoned Action (TRA), die 1980 von Ajzen und Fishbein entwickelt wurde (vgl. Ajzen & Fishbein, 1980). Nach der TRA wird ein erklärter Zusammenhang zwischen dem Verhalten und der Verhaltensabsicht hergestellt. Mit der Verhaltensabsicht wird die Wahrscheinlichkeit

M. H. Dahm und K. Hermeneit, *Künstliche Intelligenz im Journalismus*, FOM-Edition, https://doi.org/10.1007/978-3-658-50090-0_5

definiert, eine bestimmte Handlung auszuüben und wird durch die Einstellung zum Verhalten und die subjektive Norm direkt beeinflusst. Dabei beschreibt die subjektive Norm den wahrgenommenen sozialen Druck, der durch Personen oder Gruppierungen auf das Individuum Einfluss nimmt und zu einem bestimmten Verhalten führen kann (vgl. Ajzen & Fishbein, 1980). Die Einstellung hat im Gegensatz zur subjektiven Norm einen persönlichen Antrieb. Weitere Einflussfaktoren, die das Verhalten bestimmen können, werden von Ajzen und Fishbein nicht benannt und werden als externe Variablen eingeordnet (vgl. Ajzen & Fishbein, 1980).

Die TRA gilt als begrenzt aussagekräftig, da sie von einem rational durchzogenen Verhalten ausgeht und immer eine gezielte Entscheidung voraussetzt (vgl. Ajzen, 1985). Daher wurde die TRA 1985 in einer weiteren Ausprägungsstufe zur Theory of Planned Behaviour weiterentwickelt, die komplexere Verhaltensweisen erklären soll, welche nicht zwangsläufig der eigenen Kontrolle unterliegen (vgl. Ajzen, 1991). Im Zentrum des Modells liegt wie bei der TRA die Verhaltensabsicht, wird aber durch die wahrgenommene Verhaltenskontrolle ergänzt (vgl. Ajzen, 1991). Die wahrgenommene Verhaltenskontrolle definiert sich darüber, dass eine Person eigenständig einschätzen kann, wie kontrolliert sie ihr Verhalten durch zur Verfügung stehende Informationen und Ressourcen ausführen kann. Je positiver die wahrgenommene Verhaltenskontrolle einer Person eingeschätzt wird, desto größer ist die Wahrscheinlichkeit, ein bewusstes Verhalten auszuführen (vgl. Madden et al., 1992).

5.2　Was Leser über KI und KI-generierte Artikel denken

Für die Durchführung der Untersuchung wird die in Abschn. 5.1 beschriebene Theory of Planned Behaviour hinzugezogen, da sich der strukturierte Rahmen des Modells dazu eignet, einen Eindruck über das Verhalten von Lesern zu erlangen, das sich durch verschiedene Determinanten beeinflussen lässt. Dabei lässt sich der vorliegende Themenbereich wie folgt in die Determinanten einordnen:

- **Einstellung gegenüber KI im Journalismus:** Wie ist die Einstellung zur Verwendung von KI im Journalismus? Wie gefährlich wird die Verwendung von KI im Journalismus angesehen? Können KI-generierte Texte genauso qualitativ hochwertig sein wie von Menschen geschriebene Artikel? Gibt es Befindlichkeiten, KI-generierte Artikel zu lesen?

- **Subjektive Norm:** Hat die Meinung von Freunden und Familie zu KI-generierten Artikeln Einfluss? Ist es wichtig, wie die Allgemeinheit über das Thema denkt?
- **Wahrgenommene Verhaltenskontrolle:** Kann selbstständig erkannt werden, ob ein Artikel KI-generiert ist oder nicht? Kann bewusst vermieden werden, KI-generierte Artikel zu lesen?

Die Fragen, die den einzelnen Determinanten zugeordnet werden, wurden ergänzt durch persönliche Angaben der Befragten wie Alter, Geschlecht und Berufsbildung. Abschließend wurden Parameter abgefragt, die potenziell zu einer Akzeptanzsteigerung bei der Verwendung von KI im Journalismus führen können. Der Umfrage wurde eine Definition zu KI und KI-generierten Artikeln sowie ein Hinweis, sich ausreichend Zeit mit der notwendigen Reflexion zur Thematik und dem eigenen Verhalten zu nehmen, vorangestellt. Insgesamt umfasst die Umfrage 30 Fragen, die überwiegend durch eine Likert-Skala von „stimme überhaupt nicht zu" bis „stimme voll und ganz zu" beantwortet werden konnten. Jede Frage wurde als Pflichtfeld definiert, sodass es den Befragten nicht möglich war, Fragen auszulassen oder zu überspringen.

Die Datenerhebung erfolgte mittels einer Online-Umfrage zwischen Juni und August 2024. Insgesamt wurden 560 Probanden befragt. Die Altersstruktur der Befragten setzt sich wie folgt zusammen: unter 18 Jahre (0,54 %), 18–24 Jahre (13,21 %), 25–34 Jahre (31,07 %), 35–44 Jahre (18,4 %), 45–54 Jahre (16,25 %), 55–64 Jahre (19,63 %) sowie 65 Jahre und älter (0,89 %). Aufgrund der geringen Anteile der Altersgruppen „unter 18 Jahre" und „65 Jahre und älter" wurden diese in den Auswertungen kaum bis gar nicht berücksichtigt.

Die Geschlechterverteilung zeigt einen Anteil von 56,4 % weiblichen, 42,7 % männlichen und 0,2 % diversen Teilnehmern. 0,7 % machten keine Angabe zu ihrem Geschlecht.

Medienvertrauen und Transparenz

Es wird zunächst überprüft, wie wichtig Transparenzhinweise für Leserinnen und Leser sind, die gegenüber der Institution Medien ein geringes Vertrauen aufweisen. Grundlage hierfür bilden Fragestellungen, welche das allgemeine Vertrauen in die Medienlandschaft Deutschlands, stets wahrheitsgetreue und sorgfältig recherchierte Inhalte zu bieten, abfragen. Ergänzend dazu wird sowohl die Wichtigkeit von Transparenzhinweisen auf KI-generierte Artikel als auch die allgemeine Transparenz durch Disclaimer auf Redaktionswebsites oder Pressestücken abgefragt. Es zeigt sich zwischen den Aussagen allerdings nur eine geringe Korrelation, da nur eine minimale Steigerung der Akzeptanz durch Transparenzhinweise bei höherem

Vertrauen festgestellt werden kann. Betrachtet man speziell Personen mit geringem Medienvertrauen, reduziert sich der Einfluss nochmals erheblich, sodass kein signifikanter Zusammenhang zwischen geringem Vertrauen und der gesteigerten Bedeutung von Transparenzhinweisen nachgewiesen werden kann. Transparenz ist somit grundsätzlich wünschenswert, jedoch nicht signifikant wirksamer bei niedrigem Vertrauen.

Ausgehend von der Annahme, dass sich das Vertrauensverhältnis zwischen der Institution Medien und der Gesellschaft verschlechtert hat (siehe Kap. 1), lässt sich feststellen, dass der Mittelwert zur allgemeinen Vertrauensfrage lediglich leicht positiv ausfällt. Die Vertrauensfrage ist tiefgreifender und lässt sich nicht anhand von Transparenzhinweisen maßgeblich beeinflussen. Dennoch gilt es zu betrachten, dass die Probanden durchaus eine Gefahr aufgrund möglicher inhaltlicher Verzerrungen durch die Verwendung von KI bei der Erstellung von Artikeln sehen, während zugleich ein hoher Wert auf Wahrhaftigkeit, ethische Standards und journalistische Sorgfalt gelegt wird. Demzufolge ist die zentrale Herausforderung nicht primär, ob Transparenz die Akzeptanz und das Vertrauen erhöhen kann, sondern vielmehr, dass der Einsatz von KI nicht die Qualität des Journalismus aus Sicht der Leserschaft negativ beeinflusst.

Kritische Haltung zu KI und die Grenzen von Transparenz
In diesem Zusammenhang rückt die Frage in den Fokus, ob eine kritische Haltung gegenüber KI-generierten Artikeln mit einer stärkeren Forderung nach Transparenz verbunden ist. Um dies zu untersuchen, wurde die Wahrnehmung des KI-Einsatzes im Journalismus in Bezug auf verschiedene Aspekte der Transparenz analysiert. Im Mittelpunkt standen dabei drei Schlüsselfaktoren: die Bedeutung klarer Richtlinien, die Veröffentlichung redaktioneller Arbeitsabläufe und die Transparenz über die Gründe für den Einsatz von KI. Um aussagekräftige Erkenntnisse zu gewinnen, wurden in der Analyse gezielt Personen befragt, die sich skeptisch gegenüber KI-generierten Artikeln äußern. Die Ergebnisse zeigen, dass es zwar eine Korrelation zwischen der Einstellung zu KI und der Wahrnehmung von Transparenz gibt, diese Korrelation aber nicht dem erwarteten Muster folgt. Entgegen der Annahme führt eine negative Einstellung zu KI-generierten Inhalten nicht zwangsläufig zu einer stärkeren Forderung nach klaren Regeln und größerer Transparenz im Vergleich zu Personen mit einer neutralen oder positiven Einstellung. Ein ähnlicher Trend zeigt sich bei der Offenlegung von Redaktionsprozessen und den Gründen für den Einsatz von KI. Transparenz wird zwar allgemein als wichtig erachtet, aber diejenigen, die der KI im Journalismus kritisch gegenüberstehen, fordern sie nicht automatisch stärker als andere. Trotz messbarer Korrelationen in den Daten konnte die Hypothese, dass eine negative Einstellung zu KI-generierten Artikeln zu einer größeren

Nachfrage nach Transparenz führt, nicht bestätigt werden. Die Ergebnisse aus der Umfrage deuten jedoch darauf hin, dass Transparenz insgesamt einen positiven Effekt auf die Akzeptanz von KI im Journalismus hat. Unabhängig von der individuellen Einstellung zu KI-generierten Inhalten wird deutlich, dass klare Regeln und Offenheit über den Einsatz dieser Technologie dazu beitragen können, Skepsis abzubauen und das Vertrauen in KI-gesteuerte journalistische Prozesse zu stärken.

Transparenz als universelles Leserbedürfnis
Für ein gesamtheitliches Bild des Transparenzwunsches werden in der Analyse auch Personen hinzugezogen, die keine oder nur wenige Vorbehalte gegenüber KI-generierten Artikeln haben. Die Ergebnisse zeigen, dass auch innerhalb dieser Gruppe die Forderung nach Transparenz vorhanden ist. Es ist kein signifikanter Zusammenhang zwischen der Akzeptanz von KI-generierten Artikeln und der Erwartung einer entsprechenden Transparenzkennzeichnung ersichtlich. Diese Ergebnisse stehen im Einklang mit den Erkenntnissen der vorangegangenen Hypothese: Selbst bei Leserinnen und Lesern, die KI-generierten Inhalten gegenüber aufgeschlossen sind, ist Transparenz immer noch ein wichtiger Faktor. Darüber hinaus zeigt sich, dass die Skepsis gegenüber KI-generierten Artikeln mit dem Alter tendenziell zunimmt, die Transparenzerwartung aber über alle Altersgruppen hinweg konstant hoch bleibt. Insgesamt deuten diese Ergebnisse darauf hin, dass die Einstellung einer Person gegenüber KI-generiertem Journalismus nicht ausschlaggebend dafür ist, ob sie eine klare Offenlegung der KI-Beteiligung erwartet. Stattdessen scheint die Erwartung von Transparenz ein grundlegendes Prinzip zu sein, das unabhängig von der persönlichen Akzeptanz von KI im Journalismus bestehen bleibt.

Die Rolle der Verhaltenskontrolle im Umgang mit KI-Inhalten
Weiter wird untersucht, ob die wahrgenommene Verhaltenskontrolle nach der TPB über den Konsum von KI-generierten-Artikeln einen Einfluss darauf hat, inwieweit die Menschen Transparenzhinweise erwarten. Für diese Analyse der Verhaltenskontrolle werden zum einen das Vertrauen in die eigene Fähigkeit, KI-generierte Inhalte zu erkennen, und zum anderen die Fähigkeit, solche Artikel bewusst zu vermeiden, hinzugezogen. Diese Faktoren werden anschließend mit der allgemeinen Erwartung verglichen, dass KI-generierte Inhalte klar gekennzeichnet sein sollten.

Es zeigt sich, dass der Grad der wahrgenommenen Verhaltenskontrolle, den die Menschen über den Konsum von KI-generierten Artikeln haben, keine wesentliche Rolle dabei spielt, ob sie eine transparente Kennzeichnung fordern. Weder das Vertrauen, KI-generierte Inhalte zu erkennen, noch die Fähigkeit, solche Artikel bewusst zu meiden, hat einen bedeutenden Einfluss auf die Erwartung von Transparenz.

Dennoch wird durch die Studie deutlich, dass sich viele Menschen bei der Unterscheidung zwischen KI-generierten Inhalten und redaktionell erstellten Artikeln unsicher sind. Diese Unsicherheit führt aber nicht zwangsläufig zu einer stärkeren Nachfrage nach Transparenz. Im Vergleich zu anderen in dieser Studie untersuchten Faktoren ist der Einfluss der wahrgenommenen Verhaltenskontrolle auf die Erwartung einer klaren Kennzeichnung minimal.

Diese Ergebnisse deuten darauf hin, dass die Forderung nach Transparenz nicht in erster Linie auf das individuelle Kontrollgefühl zurückzuführen ist, sondern abermals vielmehr eine breitere Erwartungshaltung der Leser widerspiegelt. Transparenz im KI-generierten Journalismus scheint ein grundlegendes Erfordernis zu sein, das unabhängig davon besteht, wie sicher oder unsicher sich der Einzelne beim Navigieren in solchen Inhalten fühlt.

Zahlungsbereitschaft und menschliche Beteiligung
Neben der individuellen Haltung und der wahrgenommenen Verhaltenskontrolle zu KI-generierten Artikeln spielt auch das direkte Umfeld eine entscheidende Rolle beim Leseverhalten. Im Weiteren wird untersucht, inwieweit soziale Normen nach der Theory of Planned Behaviour das Leseverhalten und die Bereitschaft zum Konsum von KI-generierten Artikeln beeinflussen.

Zwei wichtige Aspekte sozialer Normen wurden berücksichtigt: erstens die Zustimmung des unmittelbaren sozialen Umfelds, d. h. ob Freunde und Familie die Beschäftigung mit KI-generierten Artikeln unterstützen, und zweitens die breitere gesellschaftliche Perspektive, die sich auf die Bedeutung der allgemeinen öffentlichen Akzeptanz von KI-generierten Inhalten bezieht. Diese Faktoren werden anschließend mit der individuellen Einstellung zum Lesen solcher Artikel verglichen.

Die Ergebnisse zeigen, dass das soziale Umfeld eine wichtige Rolle für die Offenheit gegenüber KI-generierten Inhalten spielt. Personen, die in ihrem sozialen Umfeld Akzeptanz in Bezug zu KI bzw. KI-generierten Inhalten erfahren, haben tendenziell weniger Vorbehalte gegenüber dem Konsum dieser Artikel. Insbesondere Freunde und Familie scheinen einen stärkeren Einfluss zu haben als die allgemeine gesellschaftliche Sichtweise.

Es lässt sich beobachten, dass dieser soziale Einfluss über verschiedene Altersgruppen hinweg relativ stabil bleibt. Vor allem ältere Menschen scheinen sich stärker von der Meinung der ihnen nahestehenden Personen beeinflussen zu lassen. Möglicherweise, weil sie der Sichtweise und dem Wissen ihrer Kinder oder Enkelkinder im Umgang mit neuen Technologien mehr vertrauen. Im Gegensatz dazu legen jüngere Menschen tendenziell etwas mehr Wert auf eine breitere gesellschaftliche Akzeptanz.

Zusammengefasst wirken sich soziale Normen – vorwiegend solche, die durch persönliche Beziehungen verstärkt werden – auf die Einstellung zu KI-generierten Artikeln aus. Menschen, die den Eindruck haben, dass ihr unmittelbares Umfeld diese Artikel akzeptiert, werden eher eine offene Haltung gegenüber dem Einsatz von KI im Journalismus entwickeln.

Ergänzend zu den getätigten Analysen wird überprüft, ob die Zahlungsbereitschaft für KI-generierte Artikel davon beeinflusst wird, ob ein Mensch grundsätzlich in den Erstellungsprozess involviert war. Bei der Analyse wird zwischen verschiedenen Transparenzkennzeichnungen unterschieden, die angeben, ob ein Artikel ausschließlich maschinell erstellt wurde oder ob ein Mensch entweder an der Überwachung des Prozesses oder an der Überprüfung der Genauigkeit beteiligt war. Zwei wichtige Aspekte der Zahlungsbereitschaft wurden untersucht: Erstens, ob Menschen generell bereit sind, für KI-generierte Inhalte zu zahlen, und zweitens, ob sie bereit wären, den gleichen Preis zu zahlen wie für Artikel, die von menschlichen Journalisten geschrieben wurden. Um dies zu bewerten, wurden Artikel mit unterschiedlichen Transparenzkennzeichnungen analysiert:

- **Artikel:** „Dieser Artikel wurde maschinell erzeugt.“
- **Artikel:** „Dieser Artikel wurde unter der Verantwortung von M. Mustermann maschinell erzeugt.“
- **Artikel:** „Dieser Artikel wurde unter der Verantwortung von M. Mustermann maschinell erzeugt und auf Richtigkeit überprüft.“

Die Ergebnisse zeigen, dass die allgemeine Zahlungsbereitschaft relativ gering ist. Die Anwesenheit eines Menschen im Produktionsprozess führt zwar zu einem leichten Anstieg der Zahlungsbereitschaft für KI-generierte Artikel, dieser Effekt ist jedoch nicht besonders signifikant. Obwohl einige Personen eine größere Bereitschaft zeigen, für KI-generierte Inhalte zu zahlen, wenn die menschliche Beteiligung explizit erwähnt wird, gibt es keinen Hinweis darauf, dass sie bereit wären, den gleichen Preis wie für von Menschen geschriebene Artikel zu zahlen. Bemerkenswerterweise führt die bloße Anwesenheit eines Menschen, der den Prozess überwacht oder den Inhalt überprüft, nicht zu einer signifikanten Veränderung der Zahlungsbereitschaft. Zwar lassen sich in bestimmten Fällen einige kleine positive Tendenzen beobachten, doch sind diese nicht stark genug, um auf eine breite Akzeptanz von KI-generierten Inhalten zum gleichen wirtschaftlichen Wert wie im traditionellen Journalismus hinzuweisen.

Zusammenfassend lässt sich sagen, dass die Beteiligung eines Menschen an der Erstellung von KI-generierten Artikeln keinen signifikanten Einfluss auf die Zahlungsbereitschaft zu haben scheint. Die Leser sind nach wie vor skeptisch, für solche Inhalte zu bezahlen, unabhängig davon, ob ein Mensch am Produktionsprozess beteiligt war oder nicht.

Was Medienhäuser jetzt tun sollten – Empfehlungen aus Theorie und Praxis

6

Durch den Einsatz von Künstlicher Intelligenz im Journalismus stellen sich zentrale Fragen nach der Verantwortung, Ethik und Transparenz. Redaktionen und Medienhäuser haben für sich auf der einen Seite bereits Strategien im Umgang und der Integration mit KI erarbeitet, auf der anderen Seite steht die Branche noch vor einer nicht absehbaren Veränderungsgeschwindigkeit und -tiefe durch diesen technologischen Wandel. Die vorliegenden Handlungsempfehlungen beruhen auf den vorangegangenen empirischen Ergebnissen und sollen als Orientierung für Medienhäuser dienen.

6.1 Transparenz schaffen

Aus den Experteninterviews, etwa mit Louisa Riepe, Chefredakteurin der *Neuen Osnabrücker Zeitung,* geht hervor, welche die zentrale Fragestellung beim Schaffen von Transparenz im Umgang mit KI ist: „Wo fängt der Einsatz von KI an und wo hört er auf? Und an welcher Stelle muss man was transparent machen, oder nicht?" (Riepe, 2024).

Julius Sandmann, KI-Verantwortlicher der *Badischen Neusten Nachrichten,* überspitzt die Frage wie folgt: „Muss ich immer, wenn ich mit Google Maps den Weg zu einem Termin gefunden oder ein Interview transkribiert habe, hinschreiben, dass ich KI eingesetzt habe? Meiner Meinung nach nicht" (Sandmann, 2024).

© Der/die Autor(en), exklusiv lizenziert an Springer Fachmedien Wiesbaden GmbH, ein Teil von Springer Nature 2025
M. H. Dahm und K. Hermeneit, *Künstliche Intelligenz im Journalismus,*
FOM-Edition, https://doi.org/10.1007/978-3-658-50090-0_6

Für jede einzelne Verwendung von KI in einer Redaktion muss kein Transparenzhinweis erfolgen. Die Frage, die man sich stellen sollte, ist, für wen machen wir diese Transparenz und warum? Die Antwort liegt auf der Hand: für die Leserinnen und Leser und für ihr Vertrauen. Haben Leser und Leserinnen früher schon gewusst, wie die Abläufe in einer Redaktion sind? Ab wann sollte ein Leser ins „Vertrauen gehoben" werden und Geheimnisse aus der Redaktion erfahren?

In der Vergangenheit wurden nicht alle Arbeitsabläufe einer Redaktion kommuniziert und gleichermaßen nicht systematisch seitens der Leserschaft nachgefragt. Daher muss auch der Einsatz eines jeden KI-Tools nicht gleich transparent gemacht werden.

Beim Durchblättern einer Zeitung stehen hinter den meisten Artikeln Kürzel, die für Redakteure oder Presseagenturen stehen. Die Leserinnen und Leser bekommen damit eine Indikation, ob der Text von einem hauseigenen Redakteur verfasst wurde oder der Artikel von extern kommt. Sollte dort bei der Verwendung von KI ein Kürzel stehen? Die Erwartungshaltung, dass transparent gemacht wird, wenn Artikel von oder mithilfe von KI generiert wurden, ist in der Leserschaft in allen Altersklassen stark vertreten.

Klar ist, dass alle Artikel, die von oder mithilfe von KI generiert wurden, dementsprechend gekennzeichnet werden. Die Art und Weise der Markierung obliegt den jeweiligen Redaktionen selbst. Das kann das Kennzeichnen mit einem kurzen Hinweis oder einem Redaktionskürzel sein, der in einem allgemeinen Disclaimer transparent erläutert wird, wie Amien Idries, stellvertretender Chefredakteur des Medienhauses Aachen, erklärt „Aber wenn wir generative KI einsetzen, dann machen wir das inzwischen mit einem Disclaimer transparent und im Vorfeld haben wir Stücke publiziert, wo wir mal erklärt haben, was macht die KI eigentlich? Wie nutzen wir sie? Warum ist das nicht das Ende des Journalismus?" (Idries, 2024).

Die Ergebnisse der Studie weisen eine grundsätzliche Erwartungshaltung von Transparenz bei Leserinnen und Lesern auf und sollte dementsprechend auch ernst genommen werden. Es kann als ein gezieltes Mittel zur Vertrauensbildung verwendet werden. Die transparente Kommunikation zur Verwendung von KI sollte daher auf der einen Seite für die Leserinnen und Leser nachvollziehbar und gleichzeitig für die Redaktion praktikabel sein:

1. **Schaffung einheitlicher Redaktionsrichtlinien zur KI-Transparenz:** Die Art und Weise und Form des KI-Einsatzes in Medienhäusern sollten intern in ein eindeutiges Regelwerk gegossen werden, das praxisnah ist, redaktionsweit gilt und regelmäßig überprüfbar sowie anpassbar ist. Redaktionen bestimmen

selbst, wie tief die Transparenz gehen soll und ab welchem KI-Einsatz eine Transparenz erforderlich oder hilfreich ist.

2. **Einführung von Symbolen, Kürzeln oder Icons für den KI-Einsatz:** Visuelle Markierungen auf oder hinter Inhalten (z. B. „KI" oder ein Icon) können eine einfache und einheitliche Lösung darstellen. Bei der Verwendung solcher Markierungen sollte für die Leserinnen und Leser allerdings ersichtlich sein, was diese bedeuten. Das kann durch einen zentralen Hinweis auf einer Website oder durch wiederkehrende Erklärungen kenntlich gemacht werden.

3. **Themendossier und FAQ zur KI-Nutzung:** Medienhäuser können neben transparenten Veröffentlichungen ebenfalls Themendossiers und FAQ-Bereiche aufbauen, in denen wiederkehrend und fortlaufend ergänzend die Prinzipien und Richtlinien in der Verwendung von KI von Leserinnen und Lesern eingesehen werden können. Das schafft neben Vertrauen auch den Abbau von Rückfragen. Gleichzeitig kann es ein Verständnis bei der Leserschaft beispielsweise zu Grenzen der generativen KI oder der redaktionellen Kontrolle schaffen.

4. **Innovationen proaktiv kommunizieren:** Beta-Versionen von KI-Anwendungen oder neu implementierte Funktionen mit KI-Anteil (z. B. Chatbot-gesteuerte Leseformate oder KI-gesteuertes Archiv) sollten von transparenter Kommunikation begleitet werden: Was wird gemacht? Warum wird das gemacht? Was bedeutet das für die journalistische Qualität? Offenheit schafft Freiheit zur Innovation, indem Skepsis und Misstrauen gegenüber Veränderungen proaktiv entgegengewirkt wird.

6.2 Gemeinsam den Wandel bestreiten

In Anbetracht des rasanten technologischen Fortschritts und einer bestehenden gesellschaftlichen Sensibilität gegenüber KI reicht es nicht aus, wenn Medienhäuser nur für sich interne Richtlinien und Strategien im Umgang mit KI entwickeln. Der digitale Wandel durch KI erfordert ein gemeinsames Verständnis und idealerweise eine abgestimmte Branchentransformation, die sich von ethischen Standards, über technische Infrastruktur bis zum öffentlichen Austausch erstreckt.

Allgemein herrscht allerdings Uneinigkeit vor, welche Formen und Dimensionen der Wandel annehmen wird. Leser haben in der Verwendung von KI eher Bedenken, als dass sie Chancen sehen, weshalb KI im Journalismus primär als Gefahr wahrgenommen wird. Daher ist auch hier Transparenz in Richtung der Leserschaft wichtig, um einzuordnen, warum KI verwendet wird und warum das nicht das Ende für den Journalismus bedeutet. Fake News sind nicht erst seit heute eine Gefährdung der Demokratie und sind zudem ein großer Angstfaktor in der Gesellschaft. KI ist in dem Feld ebenfalls ein Faktor, der diese Ängste weiter befeuern könnte. Darauf verweist Amien Idries (stellvertretender Chefredakteur, Medienhaus Aachen) „Ich glaube, vor allen Dingen die Produktion (…) von Fake News wird natürlich durch KI viel (…) leichter möglich" (Idries, 2024).

Um aufseiten der Leserinnen und Leser die Ängste zu verringern, bestenfalls sogar zu beseitigen, sollte die Gesellschaft in den Wandel integriert werden und mit Maßnahmen wie Medienkompetenz-Schulungen ein sicherer Umgang mit Medien im Kontext des Medienkonsums aufgebaut werden.

Die Expertinnen und Experten weisen unterschiedliche Strategien im Umgang mit KI auf, da manche eher experimentierfreudiger ohne Verbote sich dem Wandel entgegenstellen, während andere No-Go-Bereiche definieren. Da laut Expertinnen und Experten noch nicht absehbar ist, welche Entwicklung KI im Journalismus nehmen wird, sollte sich zur gemeinsamen Gestaltung des Wandels mehr zusammengesetzt werden, als es bislang der Fall ist. Anwendungen, Learnings und negative Erfahrungen sollten untereinander beispielsweise in Fachkonferenzen, gemeinsamen Projekten oder Webinaren und Masterclasses ausgetauscht werden, um sich gemeinsam der Veränderungsgeschwindigkeit anzupassen, da es nicht nur um die Verantwortung der eigenen Wirtschaftlichkeit geht, sondern auch darum, Leserinnen und Lesern eine intakte Medienlandschaft zu bieten.

6.3 Ethikgremium für KI-Einsatz etablieren

Viele Redaktionen haben bereits erste Strategien und Leitplanken entwickelt, um zu regeln, wie KI in redaktionellen Arbeitsabläufen eingesetzt wird und zukünftig werden soll. Diese Richtlinien sind ein wesentlicher Schritt, KI sinn- und verantwortungsvoll zu integrieren, allerdings müssen sie regelmäßig überprüft, verfeinert und weiterentwickelt werden. Erst kürzlich hat der Deutsche Presserat für die Branche festgelegt, dass jegliche Inhalte, die mit Unterstützung von KI erstellt wurden, in der alleinigen ethischen Verantwortung der Redaktion liegen (siehe Kap. 1). Für eine fortlaufende Kontrolle der Einhaltung dieser ethischen Verantwortung kann ein Ethikgremium in der Redaktion etabliert werden. Es bewertet, wo KI nützlich ist, wo Risiken entstehen können, und stellt sicher, dass die redaktionellen Standards mit dem technologischen Fortschritt übereinstimmen. Dabei geht es um die Orientierung, Sorgfaltspflicht und Verantwortung gegenüber dem eigenen Schaffen in Bezug auf die Arbeit mit KI:

1. **Redaktionsinternes Ethikgremium als Kontrollinstanz:** Es ermöglicht die durchgehende und gemeinsame Auseinandersetzung mit den ethischen Fragestellungen und Problemfeldern, die sich in der Verwendung von KI in den Redaktionen ergeben. Es sollte darauf geachtet werden, dass Vertreter aus verschiedenen Ressorts in diesem Gremium implementiert werden und sich regelmäßig über konkrete Anwendungsfälle und Risiken (z. B. Halluzinationen, Verzerrungen etc.) beraten und Empfehlungen für Anpassungen oder Schulungsbedarfe diskutieren.

2. **Integration ethischer Verantwortung in redaktionelle Weiterbildung:** Ethik darf im Rahmen von KI nicht nur auf der Leitungsebene thematisiert werden, sondern sollte auch in die Praxis und den Alltag der Redaktionen integriert werden. Die gesetzten Standards, Richtlinien und strategischen Ausrichtungen im Umgang mit KI sollten daher fester Bestandteil in Weiterbildungsplänen von Mitarbeitenden sein. Redaktionellen Mitarbeitenden sollte auch ein einfacher Zugang zu einer Beratung, beispielsweise in Form eines „KI-Ethik-Ansprechpartners", ermöglicht werden. Redakteurinnen und Redakteure müssen in die Lage versetzt werden, zwischen technischen und publizistisch vertretbaren Möglichkeiten durch KI unterscheiden zu können.

3. **Kommunikation und Transparenz als Bestandteil der Ethikstrategie:** Der ethische und verantwortliche Umgang mit KI darf kein „Berufsgeheimnis" sein und sollte nach außen sichtbar gemacht werden. Das kann durch feste Rubriken oder Disclaimer in den eigenen Produkten wie Pressestücken oder

Redaktionswebsites („Wie wir mit KI arbeiten") erfolgen sowie in der Transparenz zu Gremienstrukturen und Entscheidungsprozessen. Darüber hinaus sind ebenfalls regelmäßige Leserformate (hauseigene Veranstaltungen etc.), in denen über technologische Entwicklungen offen informiert und diskutiert wird, denkbar.

Ein solches Gremium sendet eine starke Botschaft nach außen. Redaktionen, die ihren Einsatz von KI transparent gestalten und darüber hinaus ebenso kommunizieren, dass sich auf ethischer Basis darüber ausgetauscht sowie gehandelt wird, können ihre Glaubwürdigkeit stärken. Zusammenfassend kann das einen positiven Einfluss auf das Vertrauensverhältnis zwischen Leserinnen und Lesern und Redaktion schaffen.

6.4   Auf die Qualität besinnen

Dass KI auch den Journalismus beeinflusst und sogar nicht nur eine Unterstützung, sondern gleichermaßen auch Konkurrenz sein kann, ist den Verantwortlichen und Mitgestaltern der Branche bewusst. Das größte Risiko im Journalismus in Bezug auf KI besteht darin, durch die Technologie austauschbar zu werden. Daher existieren Strategien mit und gegen KI, sich eben von dieser abzugrenzen. Es herrscht Einigkeit darüber, dass KI vor allem für effizienzsteigernde und zeitgewinnende Maßnahmen implementiert werden soll. Die Frage, die sich stellt, ist, wie mit den freigewordenen zeitlichen Ressourcen umgegangen werden soll. Sollen Arbeitsplätze abgebaut und Kosten reduziert werden? Oder soll die Zeit in die Qualität des Journalismus gesteckt werden? Laut Expertenmeinung soll letzteres der Fall sein. Die Leserinnen und Leser sehen oder wollen Qualitätsunterschiede zwischen KI-generierten und „menschengemachten" Inhalten sehen, wie sich in der Zahlungsbereitschaft in leichter Tendenz zeigen lässt. Daher gibt es eine Erwartung und den Willen – dementsprechend auch die Nachfrage – Inhalte zu konsumieren, die von einem echten Redakteur bzw. einer echten Redakteurin verfasst wurden. Der Journalismus muss sich auf seine Ursprünge besinnen, wie Louisa Riepe, Chefredakteurin der *Neuen Osnabrücker Zeitung* es formuliert: „Also im Endeffekt wäre das aus meiner Sicht eine Konzentration auf ureigenste journalistische Qualitäten, auf die wir uns vielleicht zu einem Teil wieder zurückbesinnen müssen, um eben etwas anbieten zu können, was kein Anbieter mit KI kann" (Riepe, 2024).

Der Journalist kann vor Ort sein, kann in der echten Welt Menschen befragen, Emotionen erleben und Gespräche außerhalb eines digitalen Raumes führen.

Eine KI kann – Stand heute – sehr gut Inhalte in kürzester Zeit analysieren, produzieren und archivieren. Der Mensch kann allerdings eigenständig Inhalte veröffentlichen und das, bevor eine KI davon weiß. Der Journalismus sollte sich auf die eigene Qualität, das Werteversprechen und die ethischen Standards konzentrieren, weil es das ist, was die Leser konsumieren wollen. Wenn das nicht mehr gegeben sein sollte oder es nicht geschafft werden sollte, sich von einer KI abzugrenzen, wird das eigene Geschäftsmodell in Gefahr geraten.

6.5   Medienkompetenz in Bezug auf KI vermitteln

Medienunternehmen sollten eine zentrale Rolle bei der Förderung der Medienkompetenz im Zusammenhang mit KI übernehmen. Die Entwicklung und Nutzung von KI im Journalismus hat weitreichende Auswirkungen darauf, wie Nachrichten produziert, verbreitet und konsumiert werden. Deshalb ist es wichtig, das Verständnis für KI sowohl beim bestehenden Publikum als auch bei potenziellen neuen Leserinnen und Lesern aktiv zu fördern. Nur wenn die Nutzenden verstehen, wie KI funktioniert und welche Möglichkeiten und Grenzen sie im Journalismus hat, können sie Nachrichteninhalte kritisch beurteilen und fundierte Entscheidungen über deren Glaubwürdigkeit treffen:

1. **Zielgruppengerechte Angebote für unterschiedliche Kompetenzniveaus:** Die Schaffung eines Schulungsangebots sollte an das Kompetenzniveau der jeweiligen Zielgruppe orientiert sein und dementsprechend differenziert werden:
   - **Digital Natives:** Prompting, Trainingsdaten, tiefere Einblicke in Algorithmen und mögliche Verzerrungen sowie Halluzinationen
   - **Digital Immigrants:** Grundlagenerklärungen über die Rolle von KI im erweiterten Kontext, den Einfluss und die Verwendung im journalistischen Kontext und Unterscheidungsmöglichkeiten zwischen KI-generierten und menschengemachten Inhalten
   - **Kinder und Jugendliche:** spielerische und bildgestützte Lerninhalte sowie Anwendungsbeispiele und Gefahren durch KI erläutern.
2. **Zusammenarbeit und Kooperationen mit Bildungsinstitutionen:** Die Expertisen rund um KI, die in Redaktionen aufgebaut wird, sollten aktiv in Bildungspartnerschaften eingebracht werden, um ebenfalls hierüber eine breite Masse mit der Vermittlung von Medienkompetenz erreichen zu können. Dabei kann über Schulkooperationen und Lehrerfortbildungen, Gastvorträge

und Lehrvorträge an Hochschulen sowie Workshops mit gemeinnützigen Organisationen nachgedacht werden.

Damit wird Medienkompetenz zu einem gesamtgesellschaftlichen Gemeinschaftsprojekt, bei dem Medienhäuser als zentraler Akteur agieren.

3. **Medienkompetenz als Bestandteil der Markenidentität etablieren:** Langfristig kann die aktive gesamtgesellschaftliche Bearbeitung der Medienkompetenz einen positiven Einfluss auf die eigene Markenidentität haben. Durch die Positionierung und Transparenz sowie den damit verbundenen und angenommenen Auftrag eines sorgfältigen Umgangs mit KI, können Medienhäuser Vertrauen bei Lesern gewinnen bzw. zurückgewinnen.

Grundlegendes Wissen über KI sollte ein integraler Bestandteil des journalistischen Angebots sein. Die Leserinnen und Leser müssen darüber informiert werden, wo und wie KI in der Nachrichtenproduktion eingesetzt wird, welche Mechanismen hinter algorithmisch generierten Inhalten stehen und welche Herausforderungen sich daraus für die Medienbranche ergeben. Dies erfordert einen gezielten Ansatz zur Vermittlung von Medienkompetenz, der sowohl technologische Aspekte als auch ethische Überlegungen berücksichtigt. Während ein digital versiertes Publikum von detaillierten Einblicken in KI-gestützte Nachrichtensysteme profitieren kann, benötigen andere Nutzer zugänglichere Formate, die klar und verständlich erklären, was automatisierte Prozesse für den Journalismus bedeuten.

Indem sie sich als glaubwürdige Autoritäten in der KI-Debatte positionieren, können Medienorganisationen ihre Rolle als Wächter der Demokratie stärken. In einer Zeit, in der Desinformation und manipulative Inhalte aufgrund des technologischen Fortschritts immer raffinierter werden, haben seriöse Medienorganisationen eine besondere Verantwortung. Die Förderung der Medienkompetenz sollte nicht nur als Dienst an den Leserinnen und Lesern, sondern auch als gesellschaftliche Verpflichtung zur Aufrechterhaltung einer informierten Öffentlichkeit gesehen werden.

Darüber hinaus ist es von entscheidender Bedeutung, die Bedenken der Öffentlichkeit aufzugreifen und zu zerstreuen. Befürchtungen, dass die menschliche Beteiligung am Journalismus verloren gehen oder sich KI-generierte Inhalte unkontrolliert verbreiten könnten, können nur durch Aufklärung und Transparenz ausgeräumt werden. Medienorganisationen sollten sich aktiv darum bemühen, diese Bedenken nicht nur zu thematisieren, sondern ihnen auch durch faktenbasierte Berichterstattung und begleitende Bildungsinitiativen zu begegnen. Indem sie ihren verantwortungsvollen Umgang mit KI klar kommunizieren, können Medienunternehmen Vertrauen aufbauen und ihre Rolle als Anbieter zuverlässiger

Informationen und Orientierungshilfen in einer digitalen Nachrichtenlandschaft stärken.

6.6 Mit KI anfangen

In der Branche besteht Einigkeit darüber, dass KI sich rasant entwickeln wird und noch nicht ganz abschätzbar ist, wie tief diese in alltäglichen und redaktionellen Prozessen etabliert werden wird. Aus diesem Grund sollten Medienhäuser das Einsetzen von KI nicht aufschieben, sondern starten und weitermachen – sofern noch nicht geschehen.

Redakteurinnen und Redakteuren sollte rechtzeitig die Möglichkeit gegeben werden, mit KI experimentieren zu können, um Erfahrungen zu sammeln und gegebenenfalls den Wandel mitbestreiten zu können. Aufgrund der rasanten Entwicklung wird dies ein wesentlicher Aspekt sein, in Zukunft wettbewerbsfähig zu bleiben. Im Zuge der Einführung von KI sollte darauf geachtet werden, dass Ängste gegenüber der Technologie genommen werden. Ein offener Dialog mit der Formulierung klarer strategischer Ziele für den Einsatz von KI sowie das Einbeziehen der Mitarbeitenden in den Transformationsprozess kann das notwendige Vertrauen schaffen und Hürden abbauen.

Um sicherzustellen, dass KI nicht nur in der Theorie diskutiert wird, sollten Medienhäuser in zugeschnittene Ausbildungs- und Weiterbildungsmaßnahmen investieren, damit auch auf fachlicher Ebene der Einsatz weiter geschärft werden kann. In den Schulungsprogrammen sollten nicht nur die technischen und praktischen Aspekte vermittelt werden, sondern ebenso auf die allgemeine ethische und journalistische Auswirkung von KI im Kontext der Nachrichtenproduktion eingegangen werden.

Der Aufbau von KI-Know-how ist eine Voraussetzung für einen effektiven und verantwortungsvollen Einsatz innerhalb von Redaktionen. Auch hier wird der Austausch zwischen Redaktionen eine entscheidende Rolle spielen, damit weniger KI-erfahrene Redaktionen auf Learnings bereits progressiverer Redaktionen aufbauen können, um gemeinsam die Geschwindigkeit der Technologieentwicklung mitgehen zu können. Durch solche proaktiven Ansätze können Medienhäuser KI nicht als Herausforderung, sondern vielmehr als Chance begreifen. Dafür ist es unabdingbar, zu starten und sich auszutauschen.

Ausblick auf den Journalismus mit KI 7

Der Einsatz von Künstlicher Intelligenz im Journalismus sorgt auf der einen Seite für Diskussionen – bezogen auf Verantwortung, Vertrauen und Akzeptanz – wird auf der anderen Seite aber aufgrund der rasanten Entwicklung als einflussreich und alternativlos in der Verwendung bewertet. Dieses Buch hat exemplarisch gezeigt, inwieweit KI bereits im Journalismus etabliert ist, welche zukünftigen Entwicklungen denkbar sind und welche Auswirkungen das auf die Akzeptanz bei Leserinnen und Lesern hat.

Die Einblicke in verschiedene Redaktionen verdeutlichen, dass KI nicht erst seit Kurzem genutzt wird und es auch kaum eine Redaktion gibt, die auf KI vollständig verzichtet. Dabei ist der Einsatz über die Redaktionen hinweg vielseitig, aber in den meisten Fällen soll dieser für Effizienzsteigerung und den Abbau repetitiver und zeitaufwendiger Aufgaben sorgen. Für den Umgang und die Etablierung von KI in den redaktionellen Arbeitsablauf werden in den meisten Fällen Leitplanken oder ganze Strategien entwickelt, an die sich Redaktionen halten. Dennoch ist man sich in der Branche im Kern einig: Der Mensch trägt am Ende die Verantwortung über alles Publizierte. Weniger Einigkeit herrscht bei der Frage nach Transparenz, da teilweise auf die Kennzeichnung jeglicher KI-generierten Artikel, teilweise auf das einmalige Veröffentlichen von Disclaimern verwiesen wird. Trotz des Abbaus von Arbeitsaufwänden durch KI wird weniger von einem vollständigen Austausch der Arbeitskraft gesprochen, vielmehr von der Veränderung des Arbeitsplatzes und der Stellenprofile. Personen, die den Wandel nicht mitbestreiten wollen und können, laufen Gefahr austauschbar zu werden.

Für Leserinnen und Leser ist Transparenz seitens einer Redaktion ein wichtiger Aspekt, allerdings kein Grund dafür, die Akzeptanz gegenüber KI zu steigern. Die subjektive Norm zeigt, dass das direkte Umfeld Einfluss auf die Akzeptanz

M. H. Dahm und K. Hermeneit, *Künstliche Intelligenz im Journalismus*, FOM-Edition, https://doi.org/10.1007/978-3-658-50090-0_7

von KI-generierten Inhalten und somit auch auf KI-Anwendungen in Redaktionen hat. In Summe zeigt sich allerdings, dass für Leserinnen und Leser Vertrauen, Qualität und die Einhaltung ethischer Standards wesentliche Faktoren für die grundlegende Akzeptanz gegenüber Redaktionen sind. Transparenz ist kein Allheilmittel, aber ein Baustein zum Vertrauensaufbau und zur Vertrauensgewinnung. Redaktionen müssen ihre Mitarbeitenden auf den Wandel vorbereiten und mitnehmen, strategische Richtlinien aufbauen, sich als Vermittler von Medienkompetenz sehen und den offenen Dialog innerhalb der Branche und zu den Leserinnen und Lesern suchen.

Medienorganisationen stehen vor den Herausforderungen, aus ökonomischen Aspekten einerseits effizienter zu arbeiten und andererseits nicht weiter an Vertrauen bei den Leserinnen und Lesern zu verlieren. Unabhängig vom Einsatz von KI steht die Qualität und Glaubwürdigkeit der journalistischen Inhalte als ein zentrales Element für das Gewinnen von Vertrauen. Innerhalb der Branche ist man sich einig, dass der prozessorientierte Einsatz von KI den Fokus auf die Kernaufgaben und somit die Qualität des Journalismus positiv gestalten kann. KI muss daher mehr als Chance, statt als Herausforderung gesehen werden.

Den Verantwortlichen im Journalismus muss bewusst sein, dass KI auf der einen Seite neue Möglichkeiten der Arbeitsplatzverbesserung im Sinne von Effizienzsteigerung und dem Ablösen repetitiver Arbeiten bietet. Allerdings sorgt es auf der anderen Seite bei Leserinnen und Lesern, die nichts mit dem Arbeitskontext zu tun haben, für Angst, in welchen Dimensionen und Ausprägungen diese Technologie in Zukunft im Alltag Einkehr finden wird. Im Endeffekt lässt sich erkennen, dass beide Seiten dasselbe wollen: qualitativen Journalismus, gut recherchierte Geschichten und wahrheitsgetreue Informationen.

Dieses Wertversprechen wollen die Verantwortlichen des Journalismus trotz der rasanten Entwicklung von KI weiter hüten und sehen sogar eine Chance darin, sich von der Technologie abzugrenzen und das Geschäftsmodell auf eine neue Ebene zu ziehen. Damit allen Beteiligten deutlich wird, dass dieselbe Sprache gesprochen wird, muss die Übersetzungsleistung aus den Redaktionen zu den Leserinnen und Lesern stimmen. In Zukunft wird dann nicht über Akzeptanzmodelle, sondern vielmehr über das richtige Kommunikationsmodell gesprochen.

Transparenz könnte das Zünglein an der Waage sein, die Übersetzungsleistung zu erfüllen, um den Leserinnen und Lesern klarzumachen, dass KI nicht verwendet wird, um möglichst kosteneffizient Inhalte zu veröffentlichen, sondern um die wichtigen Geschichten noch qualitativer zu machen. Sofern dies nicht der Fall sein sollte, wird die Unterscheidung zwischen redaktionell erstellten Inhalten und durch KI-generierte Inhalte immer schwieriger. Das hätte nach Einschätzung der Expertinnen und Experten den möglichen Untergang des menschengemachten Journalismus zur Folge.

Ganz am Ende steht aber auch die Ohnmacht, zuschauen zu müssen, wie KI immer tiefer in den Alltag als auch Geschäftsmodelle eindringt und diese nachhaltig verändert. Veränderung heißt an dieser Stelle nicht zwangsläufig etwas Schlechtes, allerdings ist die Beeinflussung der einzelnen Player im Markt überschaubar. So auch abschließend in dem genannten Szenario der Expertinnen und Experten, dass KI das Internet, wie wir es heute kennen, komplett verändert. Was ist, wenn jeder Mensch über eine KI in Echtzeit Inhalte konsumieren kann? Macht es den Journalismus in seiner heutigen Ausprägung redundant oder bedeutet es vielleicht die Renaissance von Print?

Was Sie aus diesem Band der FOM-Edition Kompakt mitnehmen können

- Ein tieferes Verständnis dafür, wie Künstliche Intelligenz bereits heute den Journalismus verändert, in welchen Bereichen KI journalistische Prozesse unterstützt oder ersetzt
- Welche Chancen und Risiken mit KI-generierten Inhalten einhergehen und wie Leserinnen und Leser auf KI-Artikel reagieren
- Wie sich das Vertrauen in Medien unter digitalen Bedingungen entwickelt und wie wichtig Transparenz für die Akzeptanz von Verwendung von KI im Journalismus ist
- Wie Redaktionen mit den Herausforderungen der KI-Nutzung umgehen und der Journalismus seine Glaubwürdigkeit bewahren kann
- Mit welchen ethischen und gesellschaftlichen Fragen rund um KI im Journalismus sich die Branche und die Leserschaft auseinandersetzen sollten
- Dass KI nicht das Ende des Journalismus ist, aber das Ausmaß der Veränderung nicht vorhersehbar ist

© Der/die Herausgeber bzw. der/die Autor(en), exklusiv lizenziert an Springer Fachmedien Wiesbaden GmbH, ein Teil von Springer Nature 2025
M. H. Dahm und K. Hermeneit, *Künstliche Intelligenz im Journalismus*, FOM-Edition, https://doi.org/10.1007/978-3-658-50090-0

Literatur

Ajzen, I. (1985). From intentions to actions: A theory of planned behavior. In J. Kuhl & J. Beckmann (Hrsg.), *Action control: From cognition to behavior* (S. 11–39). Springer.

Ajzen, I. (1991). The theory of planned behavior. *Organizational Behavior and Human Decision Processes, 50*(2), 179–211.

Ajzen, I., & Fishbein, M. (1980). *Understanding attitudes and predicting social behavior.* Pearson.

Babel, W. (2024). *Künstliche Intelligenz, Lösungsansätze und deren Möglichkeiten.* Springer Vieweg.

Birkner, T. (2011). Journalismus als gesellschaftliches Beobachtungssystem. In T. Birkner (Hrsg.), *Geschichte des Journalismus* (S. 345–377). VS Verlag.

Birkner, T. (2012). *Journalismusgeschichte als Sozialgeschichte.* VS Verlag.

Birkner, T. (2020). Die Formierung des deutschen Journalismus im 19. Jahrhundert. In J. Wilke (Hrsg.), *Handbuch zur Geschichte des deutschen Journalismus* (S. 1099–1120). Springer VS.

Becker, K. B. (2023). *Neues Spiel, neue Regeln. Eine Untersuchung von redaktionellen Richtlinien für den Umgang mit Künstlicher Intelligenz im Newsroom.* In Journalistik. Zeitschrift für Journalismusforschung, Heft 2/2023 (S. 142 – 163).

Bösch, F., & Hoeres, P. (2013). *Außenpolitik im Medienzeitalter. Vom späten 19. Jahrhundert bis zur Gegenwart.* Historische Zeitschrift, Vol. 302.

Böning, H. (2008). Die Frühphase des deutschen Journalismus. In J. Wilke (Hrsg.), *Journalismus in Deutschland* (S. 221–236). Springer.

Brosda, C. (2008). *Diskursiver Journalismus – Journalistisches Handeln zwischen kommunikativer Vernunft und mediensystemischem Zwang.* Springer VS.

Canavilhas, J. (2022). Artificial intelligence and journalism: Current situation and expectations in the Portuguese sports media. *Journalism and Media, 3,* 510–520.

Daniel, U. (2018). Medien und Politik im 20. Jahrhundert. In H.-D. Fischer & J. Wilke (Hrsg.), *Journalistenausbildung in Deutschland* (S. 27–48). UVK.

Deutscher Presserat. (2024). *Redaktionen auch für KI-generierte Inhalte ethisch verantwortlich.* https://www.presserat.de/presse-nachrichten-details/redaktionen-auch-fuer-ki-generierte-inhalte-ethisch-verantwortlich.html. Zugegriffen: 5. Febr. 2025.

De-Lima Santos, M.-F., & Ceron, W. (2022). Artificial intelligence in news media: Current perceptions and future outlook. *Journalism and Media, 3,* 13–26.

Diakopoulos, N. (2019). *Automating the news – How algorithms are rewriting the media.* Harvard University Press.

DIE WELT. (2023). *Künstliche Intelligenz bei WELT – Das sind unsere Richtlinien.* https://www.welt.de/services/kuenstlicheintelligenz/article247336268/In-eigenerSache-Kuenstliche-Intelligenz-bei-WELT-Das-sind-unsere-Richtlinien.html. Zugegriffen: 4. Sept. 2024.

DJV. (2023). *Journalismus und KI.* https://www.djv.de/medienpolitik/kuenstliche-intelligenz/. Zugegriffen: 3. Sept. 2024.

Dörr, K. N., & Hollnbucher, K. (2017). Ethical challenges of algorithmic journalism. *Digital Journalism, 5*(4), 404–419.

Edelman. (2024). *Edelman Trust Barometer: Entwicklung des Vertrauens in die Medien als Institution in Deutschland in den Jahren 2017 bis 2023.* https://de.statista.com/statistik/daten/studie/1285575/umfrage/vertrauen-in-die-medien-in-deutschland/. Zugegriffen: 11. Apr. 2024.

Fiedler, A. (2014). Journalistenausbildung in der DDR: Die Kaderschmiede Leipzig. *Zeitschrift für Medienwissenschaft, 6*(1), 45–63.

Geisenhanslüke, M. (2023). *Aus der Redaktion: So nutzen wir Künstliche Intelligenz.* https://www.allgemeine-zeitung.de/wirtschaft/wirtschaft-digital/aus-der-redaktion-so-nutzen-wir-kuenstliche-intelligenz-2977867. Zugegriffen: 3. Sept. 2024.

Geisenhanslüke, M. (2024). *Experteninterview zu KI im Journalismus.*

Godulla, A., & Wolf, C. (2017). *Digitale Langformen im Journalismus und Corporate Publishing.* Springer VS.

Graßl, M., Schützeneder, J., & Meier, K. (2022). Künstliche Intelligenz als Assistenz. Bestandsaufnahme zu KI im Journalismus aus Sicht von Wissenschaft und Praxis, Journalistik. *Zeitschrift für Journalismusforschung, 5*(1), 3–27.

Habermas, J. (1990). *Strukturwandel der Öffentlichkeit.* Suhrkamp.

Heinke, E., & Sengl. M. (2020). Medienkompetenzvermittler: Die Rolle von Medienunternehmen in der Schule. In R. Hohlfeld, M. Harnischmacher, E. Heinke, L.-S. Lehner, & M. Sengl (Hrsg.), *Fake News und Desinformation: Herausforderungen für die vernetzte Gesellschaft und die empirische Forschung* (1. Aufl., S. 341–361). Nomos.

Herrmann, T., & Peiss, L. (2019). Verstärktes Lernen. Mit Lob und Tadel zu klugen Computern. In K. Kersting, C. Lampert, & C. Rothkopf (Hrsg.), *Wie Maschinen Lernen. Künstliche Intelligenz verständlich erklärt* (S. 203–212). Springer.

Hobsbawm, E. (1980). *The age of empire, 1875–1914.* Weidenfeld & Nicolson.

Hohfeldt, R. (2020). *Fake News und Desinformation, Herausforderungen für die vernetzte Gesellschaft und die empirische Forschung.* Nomos.

Idries, A. (2024). *Experteninterview zu KI im Journalismus.*

Keute, A., & Birkner, T. (2022). Digitalisierung und die Transformation des Journalismus. *Medien & Kommunikationswissenschaft, 70*(1), 225–240.

Kilg, M. (2023). KI und ihre Rolle für den Journalismus. In G. Hooffacker & U. Kulisch (Hrsg.), *Neue Plattformen – Neue Öffentlichkeiten* (S. 1–8). HTWK.

Klinkhammer, D. (2023). *Künstliche Intelligenz in der Radikalisierungsforschung: Synopse von Grundlagenwissen, Weiterbildungsangeboten und Limitationen.* MOTRA-Spotlight, 06/23. MOTRA-Verbund Monitoringsystem und Transferplattform Radikalisierung. https://doi.org/10.57671/motra-2023006. Zugegriffen: 3. Apr. 2025.

Klinkhammer, D., & Keller, K. (2024). Grundlagenwissen Künstliche Intelligenz. In S. Fichtner-Rosada, T. Heupel, C. Hohoff, & J. Heuwing-Eckerland (Hrsg.), *Kompetenzen für die Arbeitswelten der Zukunft* (S. 327–342). Springer Fachmedien.

Kramp, L., & Weichert, S. (2020). Journalismus im digitalen Zeitalter: Chancen und Herausforderungen. In L. Kramp & S. Weichert (Hrsg.), *Journalismus und Medien im digitalen Wandel* (S. 1–20). Springer VS.

Krause, M., & Natterer, E. (2019). Maschinelles Lernen. In K. Kersting, C. Lampert, & C. Rothkopf (Hrsg.), *Wie Maschinen Lernen. Künstliche Intelligenz verständlich erklärt* (S. 21–28). Springer.

Krämer, B. (2018). How journalism responds to right-wing populist criticism. The "lying press" attack and the "no censorship" or "no ammunition" defence. In K. Otto & A. Köhler (Hrsg.), *Trust in media and journalism. Empirical perspectives on ethics, norms, impacts and populism in Europe* (S. 127–154). Springer VS.

Kreutzer, R., & Sirrenberg, M. (2019). *Künstliche Intelligenz verstehen: Grundlagen – User-Case – unternehmenseigene KI-Journey.* Springer-Gabler.

Kreye, A. (2023). *Wie die SZ künstliche Intelligenz nutzt.* https://www.sueddeutsche.de/pro jekte/artikel/kolumne/kuenstliche-intelligenzkie903507. Zugegriffen: 4. Sept. 2024.

Lin, B., & Lewis, S. (2022). The one thing journalistic AI just might do for democracy. *Digital Journalism, 10*(10), 1627–1649.

Loosen, W. (2019). Community engagement and social media editors. *The International Encyclopedia of Journalism Studies.* Wiley.

Loosen, W. (2023). Die (Transformation der) Beziehung Journalismus | Publikum systemtheoretisch revis(it)ed. In F. Muhle, S. Tilmann, & J. Wehner (Hrsg.), *Das sichtbare Publikum?* (S. 31–58). Springer Fachmedien.

Madden, T. J., Ellen, P. S., & Ajzen, I. (1992). A comparison of the theory of planned behavior and the theory of reasoned action. *Personality and Social Psychology Bulletin, 18*(1), 3–9.

Meusel, J. (2014). Die Beziehung zwischen Journalisten und ihrem Publikum. In W. Loosen & M. Dohle (Hrsg.), *Journalismus und (sein) Publikum* (S. 53–69). Springer VS.

Neuberger, C. (2022). Journalismus und Plattformen als vermittelnde Dritte in der digitalen Öffentlichkeit. *Köln Z Soziol, 74*(Suppl 1), 159–181.

Newman, N. (2023). *Journalism media, and technology trends and predictions 2023.* Reuters Institute.

Nipperdey, T. (1994). *Deutsche Geschichte 1800–1866.* Beck.

Radechovsky, J., & Schumann C. (2023). *Fehlinformation, Themenverdrossenheit, Misstrauen und Journalismus.* Springer VS.

Riepe, L. (2024). *Experteninterview zu KI im Journalismus.*

Sandmann, J. (2024). *Experteninterview zu KI im Journalismus.*

Scharlibbe, M. (2024). *Experteninterview zu KI im Journalismus.*

Schumann, C., & Arlt, D. (2023). When citizens get fed up. Causes and consequences of issue fatigue – Results of a two-wave panel study during the coronavirus crisis. *Communications, 48*(1).

Thomson, T. J., & Thomas, R. J. (2023). What does a journalist look like? Visualizing journalistic roles through AI. *Digital Journalism,* 1–23.

THWS. (2023). *Künstliche Intelligenz Schwache vs. Starke KI – eine Definition.* https://ki. thws.de/thematik/starke-vs-schwache-ki-eine-definition/. Zugegriffen: 4. Sept. 2024.

Tsfati, Y. (2010). Online news exposure and trust in the mainstream media: Exploring possible associations. *American Behavioral Scientist, 54*(1), 22–42.

Tsfati, Y., Boomgaarden, H. G., Strömbäck, J., Vliegenthart, R., Damstra, A., & Lindgren, E. (2020). Causes and consequences of mainstream media dissemination of fake news: Literature review and synthesis. *Annals of the International Communication Association, 44*(2), 1–17.

Weber, P. (2005). Die Erfindung der Zeitung. In S. Jäger (Hrsg.), *Geschichte der Massenmedien* (S. 3–20). Fischer.

Wehler, H.-U. (1987). *Deutsche Gesellschaftsgeschichte: Von der Reformära bis zur industriellen und politischen „Deutschen Doppelrevolution"* 1815–1845/49 (Bd. 2). Büchergilde Gutenberg.

Wehler, H.-U. (1995). *Deutsche Gesellschaftsgeschichte.* Beck.

Winston, B., & Winston, N. (2020). *The roots of fake news. Objecting to objective journalism.* Routledge.

Wolf, C. (2018). Mobiler Journalismus. In C. Nuernbergk & C. Neuberger (Hrsg.), *Journalismus im Internet* (S. 161–181). Springer VS.

Wolff, U. (2024). *Desinformationsangriffe auf Unternehmen abwehren.* Springer Fachmedien.

YouGov. (2023). *KI – Chance oder Bedrohung?* https://yougov.de/technology/articles/45716-ki-chance-oder-bedrohung. Zugegriffen: 11. Juni 2024.